양자역학의
결정적 순간들

KI신서 13559

양자역학의 결정적 순간들

1판 1쇄 인쇄 2025년 5월 13일
1판 1쇄 발행 2025년 6월 11일

지은이 박인규
펴낸이 김영곤
펴낸곳 ㈜북이십일 21세기북스

인생명강팀장 윤서진 **인생명강팀** 박강민 유현기 황보주향 심세미 이수진 이현지
디자인 표지 유어텍스트 **본문** 푸른나무디자인
마케팅팀 남정한 나은경 한경화 권채영 최유성 전연우
영업팀 한충희 장철용 강경남 황성진 김도연
제작팀 이영민 권경민

출판등록 2000년 5월 6일 제1406-2003-061호
주소 (10881) 경기도 파주시 회동길 201(문발동)
대표전화 031-955-2100 **팩스** 031-955-2151 **이메일** book21@book21.co.kr

(주)북이십일 경계를 허무는 콘텐츠 리더

21세기북스 채널에서 도서 정보와 다양한 영상자료, 이벤트를 만나세요!

페이스북 facebook.com/jiinpill21 **포스트** post.naver.com/21c_editors
인스타그램 instagram.com/jiinpill21 **홈페이지** www.book21.com
유튜브 youtube.com/book21pub

서울대 **가**지 않아도 들을 수 있는 **명강**의! 〈서가명강〉
'서가명강'에서는 〈서가명강〉과 〈인생명강〉을 함께 만날 수 있습니다.
유튜브, 네이버, 팟캐스트에서 '서가명강'을 검색해보세요!

©박인규, 2025
ISBN 979-11-7357-269-2 04300
         978-89-509-9470-9 (세트)

양자역학의

양자역학 탄생 100주년,
중첩과 얽힘이 만든 신비로운 세계

결정적 순간들

박인규 지음

21세기북스

뉴턴적 사고에서 양자적 사고로

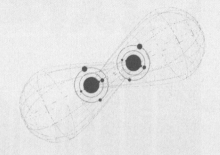

　지금으로부터 정확히 100년 전인 1925년, 하이젠베르크와 슈뢰딩거는 각기 다른 방식으로 미시 세계의 물리 현상을 기술할 수 있는 양자역학을 만들어냈다. 흑체 복사 스펙트럼을 제대로 설명하는 플랑크의 복사이론은 양자가설에 근거한 이론일 뿐 그 자체로 양자역학이라 부르지는 않는다.

　마찬가지로 아인슈타인의 광양자설도 빛에 대한 양자 가설적 해석이지, 이를 가지고 아인슈타인이 양자역학을 창시했다고 말하지 않는다. 수소 원자의 복사 스펙트럼을 깔끔하게 계산해내는 보어의 원자 모형 역시 고전역학에 양자가설을 접목하여 얻어낸 결과일 뿐, 양자역학으로부터 유도된 것은 아니다. 드브로이의 물질파 개념도 마찬가지다.

　따라서 하이젠베르크와 슈뢰딩거가 각기 행렬역학과 파동역학을 만들어내기 전까지는 다양한 양자론quantum theory

만 있었을 뿐 양자역학quantum mechanics은 없었던 시기라 할 수 있다.

그런 면에서, 플랑크의 복사이론, 아인슈타인의 광양자설, 보어의 원자 모형, 드브로이의 물질파 이론은 모두 양자역학 탄생의 전조 증상이라 할 수 있다. 이는 뉴턴 역학이 탄생하기 전에 갈릴레이의 운동 이론과 케플러의 법칙이란 전조 증상이 있었던 것에 비유할 수 있다.

온라인 서점에 들어가 '양자역학'을 검색해보자. 수백 가지 책을 찾을 수 있을 것이다. 이왕 검색하는 김에 미국의 온라인 서점에 들어가서 'Quantum Mechanics'라는 키워드를 넣어보자. 수천 가지 책이 쏟아져 나올 것이다. 물리학을 전공하는 학생들을 위해 쓰인 교과서를 빼고도, 일반인들을 위해 양자역학을 소개하는 책들은 차고 넘친다.

양자역학을 배울 수 있는 책이 이렇게나 많은데, 필자가 거기에 한 권을 보태는 것이 무슨 의미가 있을까? 다른 책에서는 얻을 수 없는 지식이 더 있는 것도 아니고, 특별히 더 재미있게 쓴 것도 아니라면, 필자의 집필 행위가 양자역학을 접하고자 하는 독자들의 선택만 더 혼란스럽게 만드는 것은 아닐까? 그럼에도 양자역학에 대한 입문서 한 권을 더 보태고자 하는 것에는 나름의 이유가 있다.

우선 이 책은 양자역학을 전문적으로 다루는, 즉 수식을 제대로 포함한 전공서가 아니다. 또한 양자역학이 누구에 의해 어떤 계기로 만들어졌으며, 어떻게 발전하여 현재에 까지 이르렀는지를 정리한 양자역학의 역사서도 아니다. 그렇다고 독자들이 이해하기 쉽도록 온갖 비유를 들어 양자역학의 의미만 전달해주려고 하는 쉬운 대중서도 아니다.

양자역학을 진짜 제대로 배우고자 하는 어느 정도의 수학 지식이 있는 독자라면 쉽게 우리말로 쓰여진 양자역학 교과서를 얼마든지 찾을 수 있다. 또 공개된 대학의 온라인 강의도 많이 있으므로 이를 통해 직접 공부할 수도 있다.

양자역학에 얽힌 역사에 대해 관심이 많은 독자라면, 만지트 쿠마르의 『양자혁명: 양자물리학 100년사』(이덕환 옮김)와 루이자 길더의 『얽힘의 시대』(노태복 옮김) 그리고 이강영의 명저 『스핀』을 통해 많은 지식을 얻을 수 있다.

수학적인 깊은 이해 없이, 단순히 양자역학의 신비로움과 양자역학으로부터 만들어진 혁명적인 기술, 양자역학이 가져올 미래 등 교양으로 다양한 인문학적 지식이 필요한 독자라면, 수많은 양자역학 해설서 중 한두 권을 골라 읽으면 될 것이다.

그럼 이 책은 무엇인가? 이 책은 사실 특정한 목표를 가지고 집필되었다. 2022년 노벨물리학상은 양자 얽힘 현상을 검증하고, 이로부터 양자 기술 시대를 여는 데 공헌한 3명의 물리학자에게 수여됐다. 프랑스의 알랭 아스페Alain Aspect, 미국의 존 클라우저John F. Clauser 그리고 오스트리아의 안톤 차일링거Anton Zeilinger가 그 주인공들이었다.

양자 얽힘은 양자역학만의 독특한 현상이다. 거시 세계에서만 살아온 우리에게는 도저히 이해가 안 되는 현상이고, 머리로도 가슴으로도 받아들이기 힘든 현상이다. 양자 얽힘을 '이해했다'라고 얘기하는 순간 잘못 이해한 것이 양자 얽힘이다.

존 클라우저와 알랭 아스페는 바로 이 양자 얽힘 현상이 실제로 일어나고 있음을 실험으로 입증한 사람들이다. 이들의 실험을 제대로 이해하기 위해서는 양자역학의 코펜하겐 해석이 무엇인지, 벨 부등식이 무엇인지 등 알아야 할 것이 너무 많다.

세 번째 수상자인 안톤 차일링거는 양자 기술을 개척한 공으로 수상했다. 양자 기술은 스퀴드SQUID와 같은 양자 센서 뿐 아니라, 양자 암호, 양자컴퓨팅에 이르기까지 지금 이 시대에 가장 뜨거운 화두가 되고 있는 분야다. 양자 암호와 양자컴퓨팅을 이해하기 위해서는 파동함수의 중첩부터 얽힘까지 양자역학을 제대로 공부할 필요가 있다.

양자역학을 몰라도 양자컴퓨터를 만들 수 있다고 주장하는 사람들도 있다. 물론 트랜지스터의 작동 원리는 몰라도,

부품을 사다가 컴퓨터를 만들어 팔 수는 있다. 그러나 나노미터급 공정을 다루는 반도체를 설계하고 제작하는 것은 양자 물성을 모르고는 불가능한 일이다. 양자컴퓨터의 핵심인 큐비트를 구현하는 것은 온전히 물리학의 영역이다.

바로 이 점이 이 책의 집필 동기이기도 하다. 양자 기술은 오래전부터 차근차근 발전되어왔다. 하지만 2022년 노벨물리학상 발표 이후, 본격적으로 대중들의 관심이 집중되어왔다. 구글, 마이크로소프트, 디웨이브, 아이온큐 등 양자컴퓨터를 개발하는 회사들의 주식도 치솟기 시작했다.

그에 따라 '양자Quantum'라는 용어가 홍수처럼 쏟아지기 시작했다. 양자컴퓨터를 이해하기 위한 첫 관문으로 양자역학과 양자 얽힘에 대한 대중적 관심도 함께 끓어올랐다.

그때 우연치 않게 한 유명 유튜브 채널에서 필자에게 양자 얽힘을 쉽게 설명해줄 수 있느냐는 요청이 들어왔다. 처음에는 수식도 쓰지 않고 쉽게 설명하는 것 자체가 불가능한 영역이라, 적당히 거절할 생각이었다. 양자 얽힘을 설명하는 유튜브를 찾아보고, 인터넷에 올라와 있는 다양한 글을 읽어보기 시작한 건 그즈음이었다.

약간의 사명감이 생긴 것 또한 그때였다. 쉽고 재미난 글은 양자역학을 잘못 설명하는 경우가 많았다. 제대로 설명한 글은 어렵고 재미가 없었다. 양자컴퓨팅을 설명하는 많은 콘텐츠는 '중첩과 얽힘을 활용한다', '큐비트의 개수가 중요하다', '얽힘 상태를 유지해야 한다', 그리고 '쇼어 알고리즘을 쓴다' 등 거의 비슷한 내용이었다. 그러나 어느 하나도 제대로 된 설명을 하지 않고 그저 암기식 또는 주입식으로 지식을 전달하는 데만 급급해 보였다.

유튜브 출연을 결정한 배경은 바로 이것이었다. '양자 얽힘은 왜 이해할 수 없는 것이 정상'인지를 알려주고 오자는 것이 목표였다. 생방송으로 시작한 방송에서 처음 한 이야기는 '돈 되는 양자컴퓨터 이야기는 전혀 하지 않겠다'는 것이었다. 대신 양자컴퓨터를 진정으로 이해하기 위해 반드시 넘고 가야 할 양자역학과 양자 얽힘에 대한 이야기를 천천히 정성 들여 하겠다는 것이었다.

사실 필자 역시 양자역학을 '디랙주의'로 배웠다. 역사적, 시대적 배경이고, 양자역학의 철학적 함의가 뭐든 간에, 그저 묻지도 따지지도 않고, 실전 문제를 풀어가면서 양자역학을 배웠다. 보어와 아인슈타인이 코펜하겐 해석을 놓고 긴긴 논쟁을 했다는 사실은 익히 들었지만, 그건 옛날 이야기니 관심 둘 필요가 없었다.

양자전기역학을 넘어, 양자색역학 그리고 표준모형을 통해 입자물리 실험 데이터를 분석하면서, 코펜하겐 해석이나 양자 얽힘에 대한 관심을 갖는 것은 고고학자들의 몫처럼 보였다.

그런데 양자 기술 시대가 도래하자 상황이 바뀌었다. 가장 고전이라 여겨졌던 중첩과 얽힘이 핵심적인 개념이 되었고, 대중은 그만큼 2022년 노벨물리학상에 대한 해설에 목말라 했다.

유튜브 출연 이후 비슷한 강의 요청이 계속해서 들어왔다. 여러 고등학교와 대학에서 양자역학과 양자 얽힘을 주제로 비슷비슷한 강의를 하면서, 강의용 슬라이드는 점점 내용이 충실해졌다.

때마침 고에너지 충돌 실험에서도 양자 얽힘 현상이 관심을 끌고 있었다. 유럽입자물리연구소 CERN의 아틀라스와 씨엠에스 연구진들이 탑쿼크 쌍생성에서 양자 얽힘 현상을 관찰할 수 있음을 보고했다. 한국물리학회에서 이를 특별 세션으로 다루면서 필자가 양자 얽힘에 대한 소개 강의를 맡기도 했다. 심지어는 직장인 동호회에서 양자역학 강의 요청이 들어오기까지 했으니, 꽤 많은 인기를 누린 것도 사실이다.

이 책은 이처럼 여러 강연에서 얘기했던 내용을 글로 정리한 것이다. 그런 면에서 이 책은 양자 얽힘을 이해하기 위해 필요한 최소한의 양자역학 지식만 포함한 '양자 얽힘을 향한 지름길'이라 할 수 있다. 양자 얽힘을 공부하기 위해 꼭 필요한 개념만 골라 자세히 집중적으로 다루자는 것이 집필 의도였다.

물론 책을 써나가면서 집필 의도는 제대로 지켜지지 않았다. 옆길로 새고 중언부언도 하고, 때론 맥락에 맞지 않는 글도 포함하게 되었다. 또한 수식을 적극적으로 없애지 못하고, 오히려 수식을 맘껏 집어넣었다. 수식이 하나 들어갈 때마다 판매 부수가 그에 비례해 줄어든다는 경고에도 개의치 않았다. 그저 독자들이 수식을 혐오하지 않기만 바랄 뿐이었다.

그래서 수식을 힘들어하는 독자들이 과감히 건너뛸 수 있게 수식을 한두 장에 몰아넣었다. 예를 들어, 수식은 4부 1장, 4부 3장, 9부 3장에 많이 들어 있는데, 이 절을 읽지 않고 넘어가도 책의 전체 맥락을 이해하는 데는 큰 지장이 없다. 그러니 마음 편하게 건너뛰면서 책을 읽어도 좋다.

2025년 올해는 하이젠베르크와 슈뢰딩거에 의해 '양자역학'이 세상에 모습을 드러낸 지 꼭 100년이 되는 해다. 이를 기념하기 위해 유엔은 2025년을 '세계 양자 과학기술의 해 International Year of Quantum Science and Technology'로 정했다.

올해 6월에는 하이젠베르크가 행렬역학을 처음으로 구상했다는 헬고란트 섬에서 양자역학 100주년 행사가 열린다. 우리나라도 한국물리학회에서 양자역학 탄생 100주년 기념

행사를 준비하고 있다.

모쪼록 이 책이 양자역학과 양자 얽힘에 대해 궁금해하는 독자들의 갈증을 조금이라도 해소해주는 시원한 물 한모금이 되길 희망해본다.

2025년, 종로 평창길

박인규

막스 플랑크 *Max Planck, 1858–1947*

독일의 키엘 대학교와 뮌헨 대학교에서 물리학을 공부했다. 전자기파의 에너지가 불연속적으로 흡수 또는 방출된다는 '양자 가설'을 도입하여 흑체 복사 스펙트럼을 완벽하게 설명하였다. 플랑크 상수의 발견은 미시 세계가 전통적인 물리학과는 다른 새로운 물리 법칙에 의해 지배 받고 있음을 의미했고, 이는 곧 양자역학이라는 새로운 패러다임을 가져왔다. 이론물리학에 대한 공헌으로 1918년 노벨물리학상을 수상했다.

아르놀트 조머펠트 *Arnold Sommerfeld, 1868–1951*

보어의 원자 모형에 타원 궤도를 도입하여 궤도 양자수와 자기 양자수를 포함한 좀 더 일반적인 원자 모형을 만들었다. 1916년에 원자의 미세구조(fine structure) 상수를 발견했다. 노벨상 수상자인 피터 디바이, 한스 베테, 베르너 하이젠베르크와 볼프강 파울리와 같은 세계적인 학자들의 박사 지도교수로 그 자신도 수 십 차례 노벨상 후보에 올랐으나 끝내 수상하지는 못했다.

알베르트 아인슈타인 *Albert Einstein, 1879–1955*

시공간과 중력에 대한 이해를 근본적으로 바꾸어 놓은 특수 상대론과 일반 상대론을 만든 물리학자다. 광전효과를 설명하기 위해 '광양자설'을 도입함으로써, 빛의 입자설을 되살렸다. 이 업적으로 1921년에 노벨물리학상을 수상했다. 광양자설, 보즈–아인슈타인 통계, 유도 복사 등 양자이론에 큰 공헌을 하였음에도 양자역학의 확률적 해석에 대해서는 회의적인 입장을 견지했다.

폴 에렌페스트 *Paul Ehrenfest, 1880–1933*

빈 공과대학에서 공부하면서 볼츠만에게 통계역학을 배웠다. 네덜란드 라이덴 대학의 교수로 부임해 양자역학의 초기 발전에 많은 기여를 했다. 파동함수의 기대 값과 고전역학의 운동 법칙을 연결해주는 에렌페스트 정리를 만들었다. 이는 보어가 주장한 대응원리의 수학적 기술이라 볼 수 있다. 아인슈타인의 절친이었다. 노후엔 스승이었던 볼츠만과 같이 심한 우울증을 겪었으며 지적 장애를 앓고 있던 아들을 총으로 쏘아 죽이고 자신도 자살했다.

막스 보른 *Max Born, 1882–1970*

1925년, 요르단과 함께 하이젠베르크가 유도해 낸 양자역학 방정식에 행렬을 도입하여 행렬역학의 수학적 틀을 만들었다. 1926년에는 슈뢰딩거 방정식이 나오자, 파동함수의 확률 해석을 제시하였다. 나치 정부가 들어서자 괴팅겐을 떠나 영국으로 망명하여, 에딘버러 대학에서 활동했다. 파동함수의 확률 해석으로 양자역학을 확립하는데 기여한 공로로 1954년 노벨물리학상을 수상했다. 80년대의 세계적인 팝스타였던 가수 올리비아 뉴턴 존의 외할아버지이기도 하다.

닐스 보어 *Niels Bohr, 1885–1962*

1913년, 전자가 정상파 조건을 만족하는 특정 궤도에서는 에너지를 방출하지 않고 안정적으로 존재할 수 있고, 양자 도약을 통해 에너지를 흡수·방출한다는 원자 모형을 제시하였다. 대응원리, 상보성원리, 불확정성의 원리의 해석 등 양자역학의 발전을 위해 평생 노력했다. 양자역학의 성지 코펜하겐의 맹주로서 아인슈타인과의 논쟁으로 유명하다. 1922년 노벨물리학상을 수상했다. 이 해에 태어난 아들, 오게 닐스 보어도 노벨상 수상자다.

에르빈 슈뢰딩거 *Erwin Schrödinger, 1887–1961*

1926년 고전역학에 물질파 개념을 도입하여 슈뢰딩거 방정식을 만들었다. 이 공헌으로 1933년 노벨물리학상을 수상했다. 그러나, 이후 아인슈타인처럼 양자역학의 코펜하겐 해석에 대해서는 평생 회의적인 입장을 취했다. 대표적으로 1935년, 양자역학의 중첩 개념을 비판하기 위해 고양이에 대한 비유를 만들어 냈으나, 훗날 슈뢰딩거의 고양이는 양자역학의 대표적 비유로 사용되고 있다. 복잡한 여성 관계로 논란의 대상이기도 하다.

오토 슈테른 *Otto Stern, 1888–1969*

독일의 물리학자로, 비균질 자기장을 활용하여 원자와 분자의 자기 모멘트를 측정하는 실험적 방법을 개발하였다. 1922년, 게를라흐와 함께 수행한 슈테른–게를라흐 실험으로 원자의 각운동량 양자화를 입증하였다. 하지만, 이 실험은 원래 목적과 달리 전자의 스핀 각운동량을 측정한 것이었다. 이후, 그의 실험 방법은 점점 발전되어 입자들의 스핀을 측정하는 중요한 도구로 자리잡았다. 양성자의 자기모멘트를 측정한 업적으로 1943년 노벨물리학상을 수상하였다.

15페이지 삽화 수정본

발터 게를라흐 *Walther Gerlach, 1889–1979*
오토 슈테른과 함께 '슈테른-게를라흐 실험'을 수행하였다. 실험 당시 기대했던 결과가 나타나지 않아 실망하던 중 슈테른이 피운 담배에서 나온 황 성분이 은 원자와 결합하면서 빔의 모습을 만들었다는 이야기가 있다. 이로부터 "싸구려 시가가 양자역학을 증명했다"는 조크가 나왔다. 1943년 슈테른이 노벨상을 수상할 때 게를라흐는 함께 하지 못했는데, 2차 세계대전 중이었던 당시 그가 군사 목적의 연구프로젝트에 참여하고 있었기 때문이란 설이 있다.

루이 드브로이 *Louis de Broglie, 1892–1987*
1924년 그의 박사학위 논문에서 전자와 같은 입자도 파동의 성질을 가질 수 있다는 혁명적인 '물질파'의 개념을 처음으로 제안하였다. 처음에는 지도교수였던 랑주뱅조차 물질파란 개념을 받아 들이지 못했으나, 아인슈타인이 극찬을 하면서 학계의 관심을 끌게 되었다. 물질파의 개념은 슈뢰딩거가 파동방정식을 만드는데 결정적 공헌을 하였고, 이후 데이비슨-거머 실험을 통해 전자의 파동성이 입증되었다. 양자역학의 정립에 공헌한 공로로 1929년 노벨물리학상을 수상했다.

아서 컴프턴 *Arthur Compton, 1892–1962*
1923년 X선이 전자와 충돌할 때 파장이 변하는 현상을 발견함으로써, 파동의 입자성을 입증하였다. 빛이 입자로서 운동량을 전달할 수 있음을 보여준 이 컴프턴 효과의 발견으로 1927년 노벨상을 수상하였다. 콤프턴은 맨하튼 프로젝트의 핵심 인물로 원자폭탄 설계를 주도하였고, 페르미의 최초 원자로인 시카고 파일-1의 제작을 감독했다. 세인트루이스 워싱턴대학의 총장으로 부임하여 최초로 여성 교수를 임용하고, 인종차별 정책을 폐지하는 개혁을 추진했다.

보리스 포돌스키 *Boris Podolsky, 1896–1966*
1935년 아인슈타인, 로젠과 함께 EPR 패러독스(Einstein–Podolsky–Rosen paradox)로 잘 알려진 논문을 주도적으로 작성하였다. EPR 논문은 양자 얽힘에 대한 문제를 제기한 최초의 이론적 작업으로, 벨의 정리를 이끌어 내는 결정적인 단초가 되었다. EPR 논문은 학계뿐 아니라 대중의 큰 관심까지도 받았는데, 정작 공동 저자인 아인슈타인은 "그 논문은 포돌스키가 썼고, 나는 그다지 동의하지 않는다"라는 농담조의 말을 자주 한 것으로 전해진다

발터 게를라흐 *Walther Gerlach, 1889–1979*

오토 슈테른과 함께 '슈테른-게를라흐 실험'을 수행하였다. 실험 당시 기대했던 결과가 나타나지 않아 실망하던 중 슈테른이 피운 담배에서 나온 황 성분이 은 원자와 결합하면서 빔의 모습을 만들었다는 이야기가 있다. 이로부터 "싸구려 시가가 양자역학을 증명했다"는 조크가 나왔다. 1943년 슈테른이 노벨상을 수상할 때 게를라흐는 함께 하지 못했는데, 2차 세계대전 중이었던 당시 그가 군사 목적의 연구프로젝트에 참여하고 있었기 때문이란 설이 있다.

루이 드브로이 *Louis de Broglie, 1892–1987*

1924년 그의 박사학위 논문에서 전자와 같은 입자도 파동의 성질을 가질 수 있다는 혁명적인 '물질파'의 개념을 처음으로 제안하였다. 처음에는 지도교수였던 랑주뱅조차 물질파란 개념을 받아 들이지 못했으나, 아인슈타인이 극찬을 하면서 학계의 관심을 끌게 되었다. 물질파의 개념은 슈뢰딩거가 파동방정식을 만드는데 결정적 공헌을 하였고, 이후 데이비슨-거머 실험을 통해 전자의 파동성이 입증되었다. 양자역학의 정립에 공헌한 공로로 1929년 노벨물리학상을 수상했다.

아서 컴프턴 *Arthur Compton, 1892–1962*

1923년 X선이 전자와 충돌할 때 파장이 변하는 현상을 발견함으로써, 파동의 입자성을 입증하였다. 빛이 입자로서 운동량을 전달할 수 있음을 보여준 이 컴프턴 효과의 발견으로 1927년 노벨상을 수상하였다. 콤프턴은 맨하튼 프로젝트의 핵심 인물로 원자폭탄 설계를 주도하였고, 페르미의 최초 원자로인 시카고 파일-1의 제작을 감독했다. 세인트루이스 워싱턴대학의 총장으로 부임하여 최초로 여성 교수를 임용하고, 인종차별 정책을 폐지하는 개혁을 추진했다.

보리스 포돌스키 *Boris Podolsky, 1896–1966*

1935년 아인슈타인, 로젠과 함께 EPR 패러독스(Einstein-Podolsky-Rosen paradox)로 잘 알려진 논문을 주도적으로 작성하였다. EPR 논문은 양자 얽힘에 대한 문제를 제기한 최초의 이론적 작업으로, 벨의 정리를 이끌어 내는 결정적인 단초가 되었다. EPR 논문은 학계뿐 아니라 대중의 큰 관심까지도 받았는데, 정작 공동 저자인 아인슈타인은 "그 논문은 포돌스키가 썼고, 나는 그다지 동의하지 않는다"라는 농담조의 말을 자주 한 것으로 전해진다

볼프강 파울리 *Wolfgang Pauli, 1900–1958*

오스트리아 빈 출신의 이론물리학자로, 양자역학 정립에 결정적인 기여를 한 인물이다. 1925년, 배타 원리를 도입하여, 원자의 전자껍질 구조를 이해하는데 있어 혁명적인 전환점을 제공했다. 1930년, 베타붕괴 실험 결과를 보고 중성미자의 존재를 예견했다. "그건 틀린 것조차 아니다. (Not even wrong)"이란 말이 유명할 정도로 물리학계의 유명한 독설가로 회자된다. 그가 멀리서 지나가기만 해도 실험 장비가 망가진다는 '파울리 효과 (Pauli Effect)'의 주인공이기도 하다.

조지 울렌벡 *George Uhlenbeck, 1900–1988*

네덜란드 출신 이론물리학자로, 전자의 스핀(spin)을 도입한 업적으로 잘 알려져 있다. 1925년, 그의 동료였던 사무엘 구드스미트(Samuel Goudsmit)와 함께 전자가 자전을 하고 있다는 아이디어를 제안하여, 보어-조머펠트의 원자 모델로는 설명할 수 없었던 미세 에너지 구조를 설명하였다. 당시 그들은 전자의 회전이란 개념이 역학적으로 불가능하다는 사실 때문에 논문 출판을 머뭇거리고 있었는데 지도교수였던 에렌페스트가 상의 없이 논문을 송고했던 것으로 유명하다.

베르너 하이젠베르크 *Werner Heisenberg, 1901–1976*

독일의 이론물리학자로, 대표적인 양자역학의 창시자 중 한 명으로 꼽힌다. 1925년, 훗날 행렬 역학이라 불리는 새로운 역학 체계를 만들었다. 1927년에는 불확정성 원리를 발표하여, 미시 세계의 비결정성을 입증하였다. 양자역학에 대한 기여로 1932년에 노벨물리학상을 수상했다. 제2차 세계대전 중 독일의 원자폭탄 개발 계획에 관여했지만, 그의 역할과 기여에 대해서는 많은 논란이 있다. 하이젠베르크는 양자역학을 넘어 우주론과 자연 철학에도 큰 영향력을 발휘했고, 1969년 『부분과 전체』란 명저도 남겼다.

사무엘 구드스미트 *Samuel Goudsmit, 1902–1978*

네덜란드 출신의 물리학자. 에렌페스트의 학생으로 라이덴 대학에서 공부했다. 1925년, 동료인 울렌벡과 함께 전자의 스핀(electron spin) 이론을 제시하였다. 둘은 졸업도 함께 한 것으로 유명하다. 구드스미트는 이후 미국으로 건너가 맨해튼 프로젝트에 참여하여 원자폭탄 개발에 기여하였다. 과학 행정에도 유능했고, 과학 출판에도 활발히 참여하여 과학계 발전에 크게 기여했다. 울렌벡과 구드스미트는 스핀에 대한 개념을 제공했으나, 이 업적으로 노벨상을 받지는 못했다.

폴 디랙 *Paul Dirac, 1902–1984*

영국의 이론물리학자로, 양자역학과 특수상대성 이론을 결합한 디랙 방정식을 유도해냈다. 1928년 발표한 이 방정식으로 전자의 스핀이 자연스럽게 설명된 것뿐 아니라, 반물질의 존재가 예측되었다. 실제로 1932년, 전자의 반입자인 양전자가 발견되어 세상을 놀라게 했다. 디랙은 극도로 말이 없어, 질문을 받아도 단답형으로만 대답했다고 한다. 그의 부친이 집에서 불어 사용을 강요해서 말이 없어졌다는 설도 있다. 1933년 노벨물리학상을 수상했다.

존 폰 노이만 *John von Neumann, 1903–1957*

헝가리 출신의 천재 수학자이자 이론물리학자, 컴퓨터 과학의 선구자이다. 양자역학뿐 원자폭탄 개발에도 기여했고, 수학, 경제학, 컴퓨터 과학 등 다양한 분야에 혁명적 기여를 했다. 현대의 디지털 컴퓨터가 바로 '폰 노이만 구조'를 바탕으로 만들어진 것이다. 게임 이론을 창시자이기도 하다. 비상한 기억력으로 사람들을 놀라게 했다고 하고, 머리로만 문제를 푸는 능력이 뛰어나, '살아 있는 컴퓨터'라고 불렸다.

랄프 크로니히 *Ralph Kronig, 1904–1995*

크로니히는 파울리의 배타 원리를 설명하기 위해 전자의 스핀 개념을 처음으로 제안한 인물이다. 하지만 파울리와 보어가 전자의 회전에 대해 부정적인 입장을 취하자 이를 발표하지 않았다. 이후 울렌벡과 구드스미트가 스핀 개념을 제안해 유명해지자, 크게 아쉬워했다고 전해진다. 크로니히는 이후 다방면에서 활발히 연구를 이어갔으며, 특히 밴드 이론(Band Theory)을 발전시켜 고체 내 전자의 에너지 분포를 설명하는 데 크게 기여했다.

네이선 로젠 *Nathan Rosen, 1909–1995*

미국의 이론물리학자로, 1935년 발표된 EPR 논문의 공동 저자다. 같은 해, 아인슈타인과 함께 공동 저술한 논문에서는 블랙홀과 화이트홀을 잇는 '아인슈타인–로젠 다리', 즉 오늘날 웜홀(wormhole)로 잘 알려진 개념을 처음으로 제안했다. 로젠은 나중에 이스라엘로 이주하여 물리학을 가르치며, 이론물리학의 국제적 확산에 크게 기여했다. 평생 동안 양자역학과 일반상대성 이론을 통합하려는 시도를 했다.

데이비드 봄 *David Bohm, 1917–1992*

미국의 이론물리학자로, 양자역학의 근본적 해석 문제를 한 평생 고민했던 인물이다. 특히 결정론적 양자역학 이론인 봄 해석으로 잘 알려져 있다. 봄은 1950년대 초 미국 매카시즘 광풍 속에서 공산주의 연루 혐의를 받아 프린스턴 대학교 교수직을 박탈당했다. 당시 아인슈타인은 봄을 적극 변호했지만 결국 미국을 떠나 브라질로 망명할 수 밖에 없는 처지가 됐다. 후에 영국 버크벡 대학에서 교편을 잡았다. 과학과 철학의 통합에도 관심이 많아 인도의 철학자 크리슈나무르티와도 교류했던 것으로 유명하다.

리처드 파인먼 *Richard Feynman, 1918–1988*

미국의 천재 이론물리학자로, 양자역학과 전자기학을 통합한 양자전기역학(QED)을 만들었다. 1965년 슈빙거, 도모나가와 함께 노벨물리학상을 수상했다. 파인먼 다이어그램을 도입하여 복잡한 양자 현상을 직관적으로 시각화하는 혁신을 이룬 것도 그의 업적이다. 양자역학에 대해, "아무도 양자역학을 진정으로 이해하지 못한다고 단언할 수 있다."라는 유명한 말을 남겼다. 그의 강의를 담은 『파인먼의 물리학 강의』는 지금도 전 세계 물리학 입문서의 바이블로 읽힌다.

존 벨 *John Bell, 1928–1990*

북아일랜드 출신의 이론 물리학자로, 양자역학의 코펜하겐 해석에 회의적이었다. 유럽입자물리연구소 CERN에서 이론 연구와 함께 가속기를 설계하는 엔지니어로 일했다. 양자역학의 비국소성을 검증할 수 있게 한 벨의 정리와 벨 부등식을 1960년대에 제시했다. 이후 존 클라우저와 알랑 아스페 등이 실험을 통해 벨 부등식의 깨짐을 검증함으로써 양자역학의 비국소성이 입증되었다. 이 업적으로 벨은 노벨상에 지속적으로 추천 받았으나, 1990년 갑작스러운 뇌졸중으로 세상을 떠났다.

존 클로저 *John Clauser, 1942–*

미국의 실험물리학자로, 양자 얽힘이 실제로 일어남을 실험적으로 검증한 선구자다. 1969년 벨 부등식을 실제 실험으로 검증하기 위해 CHSH 부등식을 제안했고, 1972년에 스튜어트 프리드먼과 함께 최초의 양자 얽힘 검증 실험을 성공시켰다. 2022년 노벨상 수상 후 한국을 방문했을 때, 인터뷰에서 "나는 단지 아인슈타인이 옳았다는 것을 증명하려 했을 뿐이다. 그런데 양자역학이 옳다는 것을 증명해버렸다."라고 말했다고 한다.

안톤 차일링거 *Anton Zeilinger, 1945–*

오스트리아 출신의 실험물리학자로, 양자 얽힘을 이용한 혁신적인 여러 실험으로 유명하다. 1997년에 광자쌍을 이용해 한 양자 상태를 다른 장소로 전송하는 양자원격이동 (quantum teleportation)을 세계 최초로 성공시켰다. 또한 양자암호를 이용한 통신의 가능성을 입증했고, 여러 큐비트의 얽힘을 실험적으로 보여 주어 양자컴퓨팅을 비롯한 양자정보과학이라는 새로운 분야의 기반을 마련했다. 2022년 존 클라우저, 알랭 아스페와 함께 노벨상을 수상했다.

알랑 아스페 *Alain Aspect, 1947–*

프랑스의 실험물리학자로, 양자 얽힘의 실험적 검증에 결정적인 기여를 한 인물이다. 그는 편광의 얽힌 관계를 측정하는 두 검출기를 더 멀리 떼어 놓고, 동시에 검출기의 상대 위치를 빠르게 변환시켜, 두 검출기를 시간적으로 완전히 분리해, 벨 부등식 검증 실험의 신뢰성을 비약적으로 높였다. 아스페는 실험실에 침낭을 들여 놓고 생활할 정도로 실험에 열심이었다고 한다. 그래서 그의 동료들은 아스페가 실험기기와 '얽혀'있다고 종종 농담을 했다고 한다.

목 차

1부
빛이 던진 퍼즐

2부
너희들은 입자니, 파동이니?

3부
원자라는 정밀 기계

8부
양자 전쟁

9부
누구를 위하여 벨은 울리나?

10부
활짝 열린 양자 세계

1부
빛이 던진 퍼즐

20세기의 시작과 함께 막스 플랑크는 고전역학으로는 이해할
수 없었던 물질의 복사 스펙트럼을 설명하기 위해 '양자'란
개념을 도입한다. 이는 미시 세계가 거시 세계와는 완전히 다른
방식으로 움직인다는 사실을 선포한 것이었다. 플랑크의 양자
설은 양자역학의 탄생을 이끌었다. 태양전지, 반도체, 레이저와
원자시계 그리고 GPS 시스템까지, 양자역학은 현대 과학 기술
문명의 씨앗이 되었다.

막스 플랑크(Max Planck, 1858~1947)

바코드 속에 숨겨진 비밀

햇빛에 프리즘을 대보면 무지개 색의 아름다운 스펙트럼이 나타난다. 이 스펙트럼 각각의 색깔은 특정한 파장을 가진 빛에 해당된다. 인간의 눈은 파장이 대략 400nm(나노미터)인 보라색 빛부터 700nm인 빨간색 빛까지 볼 수 있다.

그래서 파장이 400nm에서 700nm까지의 빛을 가시광선可視光線, visible light이라 부른다. 눈에 보이지 않는 400nm보다 더 짧은 파장의 빛은 자외선紫外線, ultraviolet이라 하고, 700nm보다 더 긴 파장의 빛은 적외선赤外線, infrared이라 부른다.

이 아름다운 무지개 색 태양광 스펙트럼이 연속적이지 않고, 중간중간 검은색 선에 의해 몇 개의 부분으로 나뉘어 있다는 사실을 처음 발견한 사람은 영국의 화학자 월라스톤William Hyde Wollaston, 1766~1828이다.[1]

그러나 그 검은 선이 단지 몇 개가 아니고 수백 개에 달하며, 스펙트럼상 그 선들의 파장을 정밀하게 측정한 사람은 독일의 물리학자 요제프 폰 프라운호퍼Joseph von Fraunhofer, 1787~1826다. 프라운호퍼가 수백 개의 검은 선들을 구별해낼 수 있었던 건, 그가 매우 정밀한 프리즘과 렌즈를 만들 수 있는 능력이 있었기 때문이다. 이는 그가 어릴 때부터 유리 세공 기술을 배운 덕분이었다.

프라운호퍼는 특별히 굵게 나타나는 검은 선들에 알파벳 대문자 A부터 K까지를 할당하고, 나머지 가는 선들에 소문자를 붙이는 방식으로 검은 선들을 기록했다. 수백 개에 달하는 이들 검은 선은 마치 오늘날의 바코드barcode와 비슷하게 생겼는데, 사람들은 이를 '프라운호퍼 선'이라 불렀다. 당시에는 아름다운 무지개 속에 왜 이빨 빠진 모양으로 검은

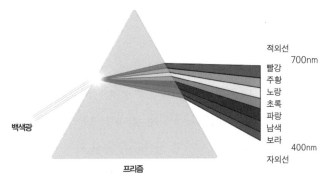

⊙ 프리즘을 통해 태양 빛을 보면 적외선부터 가시광선과 자외선까지 아름다운 스펙트럼이 나타난다. 가시광선의 파장은 대략 400nm에서 700nm 정도다.

선들이 나타나는지 아무도 이해할 수 없었다.[2]

수수께끼의 첫 단서가 밝혀진 것은 프라운호퍼 선이 알려진 지 거의 반세기가 지난 1850년대가 되어서였다. 구스타프 키르히호프Gustav Kirchhoff, 1824~1887와 로버트 분젠Robert Bunsen, 1811~1899은 물질을 불에 태울 때 나오는 빛을 분광기를 통해 관찰하고 있었다.

이 불꽃 반응 실험에서 그들은 놀라운 사실 하나를 발견하는데, 그것은 바로 특정한 물질이 내는 고유 스펙트럼 선들이 정확히 프라운호퍼의 몇몇 검은 선과 같은 위치에 있다는 것이었다. 예를 들면, 소금의 불꽃 반응에서는 기화된 나트륨Na이 내는 노란빛의 파장이 정확히 프라운호퍼의 D선과 일치했다.[3]

키르히호프는 태양 스펙트럼에 검은 색들이 나오는 것을 태양 주변의 기체들이 서로 다른 특정한 파장의 빛을 흡수하기 때문이라고 설명했다. 따라서 물질마다 서로 다른 복사

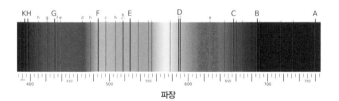

⊙ 태양 빛 스펙트럼에 나타나는 프라운호퍼 선

스펙트럼을 미리 조사해 지표로 삼으면, 태양의 흡수 스펙트럼으로부터 태양의 구성 성분을 알 수 있다고 생각했다.*

결국 태양 빛 스펙트럼에 나타나는 바코드 같이 생긴 검은 선들은 다양한 원소가 특정한 파장의 빛을 흡수해서 만들어진 것이었다. 이해를 돕기 위해 여러 원소가 만드는 바코드를 한번 들여다보자.

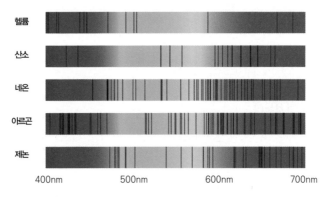

⊙ 기체 원소들의 흡수 스펙트럼. 백색광 앞에 기체를 놓으면 각 기체는 특정 파장의 빛만 흡수하여 보이지 않게 되고, 그에 해당하는 검은 선들이 나타난다. 이 검은 선들을 마치 바코드와 같이 원소들의 지문으로 활용할 수 있다.

*   헬륨의 경우에는 그 반대였다. 태양 스펙트럼에서 587.6nm의 D3선을 발견한 때는 1868년이다. 이때는 지구상에 존재하지 않는 원소가 태양에만 있다고 생각했고, 그 미지의 원소를 헬륨이라 불렀다. 실제 지구상에서 헬륨을 찾아낸 것은 1895년이었다.

여러분은 이 바코드에서 어떤 규칙을 찾아냈는가? 원소마다 바코드가 다르게 생겼다는 것 외에 달리 어떤 패턴이 보이지는 않는다. 그럼 원소들이 흡수하는 이 '지문'과도 같은 바코드는 어떻게 만들어진 것일까?

수수께끼의 패턴을 찾아라!

자, 이제 바코드의 비밀을 풀기 위해 몸을 좀 풀어보자. 먼저 아주 쉬운 퀴즈를 하나 내보겠다. 아래 수열에서 물음표로 표시된 12 다음에 올 수는 무엇일까?

2, 4, 6, 8, 10, 12, ?

답은 '14'다. 너무 쉬운 문제라서 기분이 상했을 수도 있겠다. 이런 눈에 보이는 패턴을 못 맞힐 사람이 어디 있겠는가? 그럼 이보다는 조금 어려운 문제로 가보자. 아래 수열에서 36 다음에 올 수는 무엇일까?

1, 4, 9, 16, 25, 36, ?

답은 49다. 1의 제곱은 1, 2의 제곱은 4, 3의 제곱은 9, 4의

제곱은 16, 5의 제곱은 25, 6의 제곱은 36, 이런 식의 패턴
이니까, 당연히 물음표에 올 수는 7의 제곱인 49다. 이 역시
쉽다.

이제 조금 더 어려운 문제를 내보겠다. 아래 수열에서 5.2
다음에 올 수는 무엇일까?

$$0.4, \ 0.7, \ 1.0, \ 1.6, \ 2.8, \ 5.2, \ ?$$

이제 좀 문제다운 문제 같아 보인다. 답은 10이다. 답을 금
방 찾았다면, 독자는 패턴 찾기의 달인이거나, 아니면 '보데
의 법칙'을 알고 있을 것이다.

보데의 법칙은 티티우스-보데의 법칙Titius-Bode law으로도
불린다. 이는 태양계 행성들의 궤도 반지름과 태양으로부터
의 평균 거리 사이에 일정한 수열 관계가 있다는 이론이다.
이 법칙은 1766년 독일의 수학자 요한 다니엘 티티우스Johann
Daniel Titius, 1729~1796가 발견하고, 1772년 천문학자 요한 엘러
트 보데Johann Elert Bode, 1747~1826에 의해 널리 알려졌다. 그 내
용이 황당하지만 당시에는 신비로운 법칙으로 여겨졌었다.

이 법칙에 따르면, 태양과 지구 사이의 거리를 1이라고 할 때,

태양과 행성 간의 거리 $= 0.4 + 0.3 \times 2^n$ ($n = -\infty$, 0, 1, 2, $\cdots$)

이라는 공식을 만족한다. 여기서 n=-∞는 수성에 해당하고, 금성은 n=0, 지구는 n=1, 화성은 n=2와 같은 행성의 순서를 의미한다.

이 법칙이 맞는지를 직접 확인해보기 위해 태양과 지구 사이의 거리를 1AU라고 하고, 태양과 행성들 간의 실제 거리와 보데의 법칙에 따른 수치를 써보면 다음 표와 같다.

n	−∞	0	1	2	3	4	5	6	7
보데의 법칙	0.4	0.7	1.0	1.6	2.8	5.2	10	19.6	38.8
행성	수성	금성	지구	화성	?	목성	토성	천왕성	해왕성
실제 거리	0.39	0.72	1.0	1.52	?	5.2	9.58	19.2	30

어떤가? 놀랍게도 매우 잘 맞는다. 재미있는 것은 보데의 법칙에서 n=3에 해당하는 행성이 알려지지 않아, 천문학자들은 화성과 목성 사이, 2.8AU의 거리에 행성이 존재할 것이라고 믿고, 관측을 해서 소행성대를 발견했다는 사실이다. 천왕성의 발견 역시 이 법칙의 도움을 받았다. 해왕성부터는 이 법칙이 잘 맞지 않으나, 어찌되었든 7개의 행성이 이 법칙에 따른다는 것만도 매우 신기한 일이다.

그럼 이번에는 진짜 어려운 퀴즈를 내보겠다. 아래 수열에서 3889 다음의 물음표에 올 수는 무엇인가?

6563, 4861, 4341, 4102, 3970, 3889, ?

단언컨대 이 수열은 쉽게 찾아낼 수 없을 것이다. 여러분
이 만약 이 수열의 일반식을 찾아 답을 몇 시간 또는 며칠
내에 찾아낼 수 있다면 천재임에 틀림없다.

답을 보여주기 전에, 이 수열이 어디서 나온 것인지부터

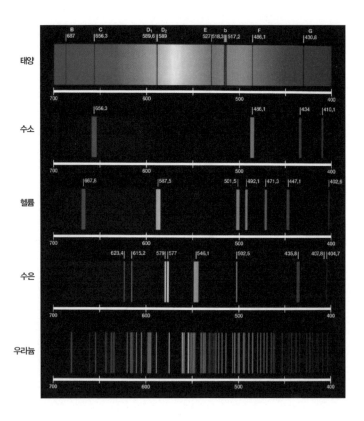

설명해보겠다. 사실 이 수열은 앞에서 설명한 태양 빛의 스펙트럼 속에 섞여 있는 프라운호퍼의 선들의 파장을 적은 것이다.

왼쪽 그림을 보자. 맨 위의 그림은 태양 빛의 스펙트럼을 보여준다. 중간중간 검은색 프라운호퍼 선들이 보일 것이다. 그 아래 그림은 수소 기체의 복사 스펙트럼을 보여준다. 그 아래는 헬륨과 수은, 그리고 우라늄의 복사 스펙트럼을 보여준다.

자, 이제 수소의 복사 스펙트럼에 주목해보자. 656.3, 486.1, 434, 410.1, 이렇게 4개의 복사선이 보인다. 눈치 챘겠지만, 656.3, 486.1은 태양의 프라운호퍼 선 C(656.3nm)와 F(486.1nm)와 정확히 일치한다. 이것들은 태양 주위의 수소가 흡수한 검은 선들이다.

이제 수소의 복사 스펙트럼을 자세히 볼 차례다. 그림에 나오는 656.3, 486.1, 434, 410.1은 단위가 나노미터(nm)다. 이를 옹스트롬(1Å = 10^{-10}m) 단위로 적고, 이후에 눈에 보이지 않는 자외선 스펙트럼까지 적어보면 다음 표가 나온다.

복사선의 명칭	H_α	H_β	H_γ	H_δ	H_ε	H_ζ	H_η
파장 (Å)	6563	4861	4341	4102	3970	3889	3835

이제 이 패턴 문제의 답을 찾았을 것이다. 답은 3835다. 그런데 이 표는 분광기를 통해 실험적으로 얻은 측정값이지, 이로부터 일반식을 찾은 것은 아니다. 따라서 우리는 3835 다음에 어떤 수가 나올지 알 수 없다.

이 패턴 문제를 인공지능에 넣어보면, 가장 추론에 뛰어나다는 OpenAI 사의 ChatGPT O1도 여러 번의 계차수열 찾기를 반복하다 엉터리 대답을 내놓는다. 그럼 여러분은 이 수열의 일반식을 찾을 수 있겠는가?

은근과 끈기의 수학 선생님, 발머

사실 이 수열은 완전한 잡수열로 왠만한 등차, 등비, 계차, 조화 수열들의 조합으로 찾아내기가 무척 어렵다. 그럼에도 이 수열의 일반식을 찾아낸 사람이 있다. 그의 이름은 요한 발머Johann Jakob Balmer, 1825~1898로 스위스 바젤의 수학 교사였다.

수소의 복사 스펙트럼이 알려지자, 사람들은 스펙트럼이 만드는 신비의 수열이 어디서 온 것인지 궁금해했다. 그 궁금증을 1885년 발머가 푼 것이다.[4]

여담이지만, 이런 잡수열의 일반식을 찾는 것은 은근과 끈기, 그리고 인내심이 따라야만 하는 가능한 작업이다. 그

래서 이런 일은 고립된 환경에서 따분한 삶을 지속하면서
도 성실히 살아가는 스위스 사람만이 할 수 있다. 실제로 스
위스는 국민 1인당으로 따지면 노벨상을 가장 많이 받은 나
라다.

발머가 이 수열을 찾기 위해 얼마나 고생을 했는지는 상
상에 맡기자. 그가 찾은 답부터 적어보면 다음과 같다.

$$\lambda = B \frac{n^2}{n^2 - 4} \ (B = 3645.6\text{Å}, \ n = 3, 4, 5, \cdots)$$

이제 n에 3, 4, 5, 6…을 차례로 넣고, λ값을 계산해보면,
각기 6562, 4861, 4340, 4101, 3969, 3889, 3835, … 을 차례
대로 얻을 수 있다. 수치에 아주 작은 차이는 있지만, 어찌되
었든 신비의 수열을 거의 완벽하게 맞춰 냈다는 것 자체가
놀라운 일이다. 왜냐하면 이는 수소 원자 복사 스펙트럼 속
바코드의 패턴이 어떤 규칙으로 만들어졌는지를 알아낸 것
이기 때문이다.

발머가 수소 원자 스펙트럼을 설명할 수 있는 수열을 찾
아내자, 같은 일을 하고 있었던 스웨덴의 물리학자 요하네스
뤼드베리Johannes Robert Rydberg, 1854~1919는 발머의 공식을 뒤집
으면 뭔가 더 단순하게 수열을 표현할 수 있음을 알아냈다.[5]
뤼드베리가 발표한 공식은 다음과 같다.

$$\frac{1}{\lambda}=R_H\left(\frac{1}{n_1^2}-\frac{1}{n_2^2}\right)(R_H=1.097\times10^7 m^{-1},\ n_1=2,\ n_2=3,\ 4,\ 5,\ \cdots)$$

이는 단순히 발머 공식의 역을 취한 꼴이지만, 훨씬 더 의미심장한 해석을 가능케 했다. 당시에는 돌턴(John Dalton, 1766~1844)의 원자설에 따라 원자가 존재하더라도, 원자는 더 이상의 내부 구조를 가지지 않는 기본 입자로 여겨졌었다.

그런데 뤼드베리의 공식에 따르면, 수소 원자는 내부에 어떤 수학 함수가 들어 있어, 숫자 3, 4, 5, ⋯를 집어넣으면, 중간에 $\left(\frac{1}{2^2}-\frac{1}{3^2}\right)$, $\left(\frac{1}{2^2}-\frac{1}{4^2}\right)$, $\left(\frac{1}{2^2}-\frac{1}{5^2}\right)$, ⋯으로 계산된다. 그리고, 수소원자는 이 공식으로 계산된 파장의 빛을 발사하는 정밀한 기계처럼 보였던 것이다. 수많은 기어가 맞물려 돌아가는 복잡한 스위스 시계처럼, 수소 원자도 어떤 내부 구조를 가지고 있는 것만은 틀림없이 보였다.

이 원자 기계는 무슨 원리로 작동되는 것일까? 그 작동 원리를 알아낸다면 뤼드베리 공식을 수학적으로 유도해낼 수 있지 않을까? 하지만, 이 질문의 답은 당시에는 얻을 수가 없었다. 왜냐하면 양자론의 도입이 필요했기 때문이다.

악마는 디테일에 숨어 있다

19세기 말은 산업혁명의 절정기였다. 철도가 발달되면서 석탄 수송이 용이해졌고, 이에 따라 산업 곳곳에 증기 기관이 도입되었다. 공장은 대량생산을 가능케 하는 철로 된 기계들로 가득 찼다. 그 수요에 맞춰 철강 산업도 비약적으로 발달했다.

따라서 양질의 철을 만드는 것은 그 시대에 가장 중요한 질문이 되었다. 또한 전기의 활용이 늘어나고, 전구가 보급되면서 더 밝은 전구를 만들기 위해 더 효율적인 필라멘트 개발 역시 중요한 문제로 떠올랐다. 자연스럽게 용광로 속에서 녹은 철의 온도가 얼마인지, 필라멘트의 온도와 광도와의 관계는 어떤 것인지 등에 관심이 집중되었다.

철을 달구면 밝은 빛이 나오는데, 물리학자들은 그 빛의 색깔을 보고 철의 온도를 알아낼 수 있지 않을까 생각했다.

사실 철뿐만 아니라 모든 물질은 온도가 올라가면 자연스럽게 빛을 내기 마련이다. 적당히 뜨겁게 덥혀진 철에서는 눈에는 보이지 않지만 열선이 나온다.

이 열선은 알고 보면 적외선이라 부르는 빛의 일종이다. 이보다 더 뜨겁게 가열하면, 철은 빨간 빛을 내기 시작하고, 점점 더 온도가 올라가면 오렌지색을 거쳐 노란빛을 낸다.

물체가 특정한 온도에서 특정한 색깔의 빛을 낸다고, 반드시 특정한 파장의 빛만 나오는 것은 아니다. 실제로는 여러 파장의 빛이 다 쏟아져 나오지만, 그중 가장 강한 세기로 나오는 빛의 색깔이 도드라져 보이는 것뿐이다.

온도가 낮을 때는 긴 파장의 빛이 강하게 나오고, 온도가 높을 땐 짧은 파장의 빛이 강하게 나온다. 이렇게 온도와 제일 강한 빛의 파장 사이에는 어떤 관계가 있는데, 이를 처음으로 수식화한 사람이 바로 빌헬름 빈Wilhelm Wien, 1864~1928이다. 빈이 1893년에 제안한 공식을 우리는 빈의 변위법칙Wien's displacement law이라고 부른다.[6] 이 법칙은 간단히 말하면 다음과 같이 쓸 수 있다.

"가장 강하게 빛나는 빛의 파장(λ_{max})은 온도(T)에 반비례한다."

이를 수식으로 적으면 다음과 같다.

$$\lambda_{\max} = \frac{2.9}{T} \, (\mathrm{mm} \cdot K)$$

이해를 돕기 위해 온도를 몇 개 대입해보자. 우선 섭씨 17°C의 시원한 방을 생각해보자. 17°C는 $290K$(켈빈)에 해당한다. 따라서 $\lambda_{\max} = \frac{2.9}{290K} \, (mm \cdot K) = 0.01\mathrm{mm}$가 된다. 이는 파장이 $10\,\mu m$(마이크로미터)인 긴 파장의 적외선이다.

더 높은 온도로 $2900K$을 넣어보자.

그러면 $\lambda_{\max} = \frac{2.9}{2900K} \, (mm \cdot K) = 1\mu m$가 나온다. 여전히 눈에 보이지 않는 적외선이다. 다음으로, 태양의 온도에 가까운 $5800K$을 넣어보자. 그러면 $0.5\mu m$, 즉 $500\mathrm{nm}$(나노미터)인 가시광선대 빛이 나옴을 알 수 있다.

겨울철 화로에 석탄을 집어 넣고 불을 때는 경우를 생각해보자. 빨갛게 달아 오른 화로에서는 '빨주노초파남보' 일곱 색깔의 빛이 다 섞여 나온다. 그렇다고 화로가 무지개 색으로 보이는 것은 아니고, 여러 색깔의 빛이 다 섞인 색으로 보이게 된다.

사실 화로에선 '빨주노초파남보'의 색깔을 가진 가시광선만 나오는 게 아니다. 빨강색 빛보다 파장이 긴 적외선도 나오고, 파장이 긴 전자기파도 나온다. 또 보라색보다 더 파장이 짧은 자외선도 나온다. 다시 말해, 긴 파장인 전파부터 아주 짧은 파장인 자외선까지가 다양한 파장의 빛이 다 섞여 나오는 것이다.

석탄만 그런 것이 아니다. 이는 모든 물질이 다 똑같이 뜨거워지면 일어나는 보편적인 일이다. 용광로 속 쇠도 그렇고, 화산 속 용암도 그렇다. 과학자들은 이런 보편적 현상을 설명하기 위해, 석탄처럼 낮은 온도에선 빛을 100% 흡수하여 완전히 검게 보이는 가상의 물질을 '흑체'라고 부른다. 그리고 이 흑체가 달궈져 내놓는 빛을 '흑체복사'라고 부른다.

흑체에서 쏟아져 나오는 빛의 세기를 파장의 함수로 그려보면 다음과 같은 그래프를 얻는다. 물리학자들은 이를 '흑체복사의 스펙트럼'이라고 부른다.

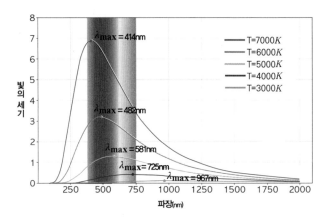

이 그래프에서 x축은 빛의 '파장'이고, y축은 빛의 세기다. x축은 0nm부터 2000nm까지 그려져 있고, x값이 클수록

긴 파장을 나타낸다. $7000K$(켈빈)는 상당히 뜨거운 온도로, 보라색 선으로 표시되어 있다. 선 색깔만 보라색이지 실제로는 여러 파장의 빛이 다 나오는 것이다. 가장 센 빛의 파장이 414nm인 보라색이란 뜻이다.

$6000K$은 태양만큼 뜨거운 온도로 가장 센 빛의 파장이 482nm로 파란색으로 표시되어 있다. 이보다 낮은 온도인 $5000K$은 초록에서 노란색 빛, 4000℃는 주황에서 빨간색 빛으로 나타난다.

한 가지 주의할 점은, 인간의 눈이 감지하는 태양의 색깔이 정확히 $6000K$에 해당하는 가장 강한 빛의 색깔과 일치하지 않는다는 점이다. 왜냐하면, 태양빛이 대기를 통과해서 오는 동안 짧은 파장의 빛이 더 많이 산란되어 빨간색, 주황색, 노란색의 긴 파장 빛이 상대적으로 더 많이 남게 되어 태양은 노랗게 보인다.

이 정도면 온도에 따라 물체가 내는 빛의 스펙트럼 개형은 알았을 것이다. 이제 또 하나의 질문을 던져보도록 하자. 온도에 따라 짧은 파장부터 긴 파장까지 올라갔다 내려오는 이 흑체복사 스펙트럼의 그래프는 어떤 수학적 함수로 표현될 수 있을까?

이를 몇 가지 수학 함수를 추측해 조합해보는 주먹구구식 방식으로 찾아낸다는 것은 매우 힘든 일일 것이다. 19세기 말, 당시에 쓸 수 있던 가장 바람직한 방법은 전자기학과 열역학을 조합하여 복사 이론을 만들어보는 것이었다.

그러한 시도를 통해 그럴싸한 첫 번째 답을 찾아낸 것은 바로 빈이었다. 빈은 이상기체에서 분자들이 보여주는 맥스웰-볼츠만 분포에서 힌트를 얻어 흑체복사 곡선이 다음의 꼴로 주어짐을 유도해냈다.[7]

$$I = \frac{a}{\lambda^5} e^{-\frac{b}{\lambda T}}$$

식이 좀 복잡해 보이지만, 여기서 람다 λ는 흑체에서 나오는 빛의 파장이고, T는 흑체의 온도, 그리고 a와 b는 적당한 상수다. 빈의 공식이 나타내는 그래프를 흑체복사 그래프와 비교해서 그리면 그래프 개형이 놀라울 정도로 잘 맞는 걸

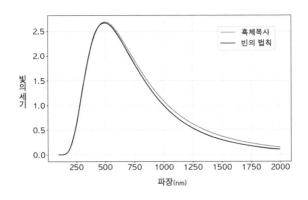

알 수 있다.

하지만 자세히 보면, 파장이 짧은 쪽은 거의 완벽하게 두 곡선이 일치하지만, 파장이 긴 쪽은 두 곡선이 잘 안 맞는다는 사실을 알 수 있다. 물론 '이 정도면 충분하지 않은가? 빈의 이론이 잘못된 것이 아니고, 흑체복사 측정이 잘못됐을 가능성도 있지 않나?' 하는 의문이 생길 수도 있다.

하지만 '악마는 디테일에 있다'는 말처럼, 시시해 보이는 이 차이 속에 실은 양자역학이 숨어 있었다. 이를 찾아낸 사람이 바로 막스 플랑크였다.

한 걸음 더 **빈의 변위법칙**Displacement law**과 빈의 분포법칙**Distribution law

많은 과학 대중서에서 빈의 법칙, 빈의 변위법칙, 빈의 분포법칙이 제대로 구별되지 않고 사용된다. 물론 글을 읽을 때 맥락에 따라 어떤 법칙을 얘기하는지 파악할 수는 있겠지만, 때론 엄밀히 구별해서 사용해야만 하는 경우도 있다.

빈의 변위법칙은 1893년에 빈이 발표한 법칙으로 복사에너지가 가장 센 빛의 파장이 흑체의 온도에 반비례한다는 것을 뜻한다. 수식으로 표현하면, $\lambda_{max} = \dfrac{2.9}{T}$ (mm·K)을 말한다.

반면 빈의 분포법칙, 종종 빈의 법칙이라 불리는 것은 1896년에 빈이 발표한 것으로 흑체복사 곡선을 설명하는 경험법칙을 의미한다. 수식으로 표현하면, $I = \dfrac{a}{\lambda^5} e^{-\frac{b}{\lambda T}}$ 이다. 플랑크가 찾아낸 흑체복사의 공식은 빈의 분포법칙을 개선한 것이다.

구원자 플랑크

전통적인 학자 집안에서 태어난 플랑크는 어려서부터 수학의 재능을 발휘했고, 이른 나이에 대학에 들어가 헬름홀츠Hermann von Helmholtz, 1821~1894, 키르히호프Gustav Kirchhoff, 1824~1887, 클라우지우스Rudolf Clausius, 1822~1888 등 당대에 유명학자들로부터 가르침을 얻었다. 열역학을 전공한 플랑크는 31세의 나이에 베를린 대학에서 키르히호프의 자리를 잇는 교수로 부임하게 되고, 바로 그곳에서 키르히호프가 가졌던 심오한 질문과 마주하게 된다.

> "흑체에서 나오는 복사의 세기는 빛의 진동수,
> 그리고 흑체의 온도와 어떤 관계가 있는가?"

플랑크가 이 문제에 답을 얻은 것은 19세기에서 20세기로 넘어가는 해 겨울인 1900년 11월이었다. 스물 살에 열역학 분야에 뛰어들어 20년 넘게 꾸준히 연구해온 40대 중년 물리학자의 성취였다.

플랑크는 우선 흑체가 다양한 진동수의 전자기파를 흡수하고 방출할 수 있는 작은 진동자로 채워져 있다는 생각했다. 이렇게 가정하면 진동수가 높은 전자기파일수록 (또는 파장이 짧은 전자기파일수록) 흑체 안에 더 많이 존재할 수 있게 된다. 그런데 실험을 통해 얻은 흑체 복사 곡선을 보면 진동수가 높은 빛은 급격히 사라지므로, 모든 진동수를 자유롭게 생산해낼 수 있는 진동자란 가정은 수정해야만 했다.

이를 위해 플랑크가 떠올린 생각은 볼츠만 분포였다. 볼츠만 통계에 따르면 흑체가 온도 T에서 열적 평형상태에 있을 때, 각 진동자가 에너지 E를 가질 확률이 에너지가 커짐에 따라 지수함수적으로 작아지므로[*] 이를 활용하면 높은 진동수의 빛을 줄어들게 만들 수 있을 것이라 생각했다. 그러기 위해서는 빛의 진동수 ν(그리스 문자로, '뉴'라고 읽는다)와 에너지 E가 비례한다는 가정이 필요했다. 플랑크가 도입한 가정은 다음과 같다.

---

[*] 볼츠만 통계에 따르면, 열적 평형 상태에서 에너지가 E인 입자를 발견할 확률은 $P(E) \propto e^{-E/kT}$ 이다.

$$E = nh\nu$$

여기서 n은 정수를 뜻하고, h는 플랑크 상수다. 즉 플랑크는 진동자가 $E = h\nu$, $2h\nu$, $3h\nu$, … 등으로 $h\nu$의 정수배에 해당하는 에너지를 갖게 되면, 볼츠만 확률을 적용해서 흑체복사의 평균에너지를 계산해낼 수 있었다.[*] 이로부터 얻어낸 플랑크의 복사 곡선은 빈의 법칙과 비슷해 보이지만 실험치를 완벽하게 재현해낸다.

$$\text{빈의 법칙: } I = \frac{a}{\lambda^5} \frac{1}{\exp(b/\lambda T)}$$
$$\text{플랑크의 법칙: } I = \frac{a}{\lambda^5} \frac{1}{\exp(b/\lambda T) - 1}$$

어찌 보면 빈의 법칙에 비해, 플랑크의 법칙은 분모에 −1 하나가 더 들어가 있을 뿐 큰 차이가 없어 보인다. 하지만 이 작은 차이는 플랑크의 양자화 가설, 즉 $E = nh\nu$이 있어야만 얻어지는 결과다. 거꾸로 얘기하면, 이 작아 보이는 차이는 전자기학과 열역학만으로는 설명이 안 되고, 반드시

---

[*] 에너지가 E인 입자를 발견할 확률이 $P(E)$일 때, 평균에너지$\langle E \rangle$는 $\langle E \rangle = \frac{\sum E P(E)}{\sum P(E)}$ 이고, 이 계산을 해보면 $\langle E \rangle = \frac{h\nu}{e^{h\nu/kT} - 1}$ 를 얻는다. 이는 빈이 가정했던 $\langle E \rangle = kT$와는 크게 차이가 있다.

$E = nh\nu$라는 가정이 필요하다는 것이다.[8]

플랑크가 흑체복사 곡선을 완벽하게 설명할 수 있는 이 공식을 학회에서 발표한 것은 1900년 12월 14일이었다.[*] 이를 소개한 '정규 스펙트럼의 에너지 분포에 관하여'란 제목의 논문이 출판된 것은 이듬해인 1901년 1월이었다.[9]

9. Ueber das Gesetz der Energieverteilung im Normalspectrum; von *Max Planck.*

(In anderer Form mitgeteilt in der Deutschen Physikalischen Gesellschaft, Sitzung vom 19. October und vom 14. December 1900, Verhandlungen 2. p. 202 und p. 237. 1900.)

이 논문에서 플랑크는 자신의 공식이 빈의 법칙에 대응되기 위한 h값으로 $6.55 \times 10^{-34}\,\mathrm{J \cdot s}$을 제시했다.[**] 참고로 플랑크 상수가 얼마나 작은 수인지 감을 잡기 위해 몇 가지 예를 들어보자. 우선 진동수가 1인 전자기파를 생각해보자. 1초에 한번 진동하는 전자기파이니, 이는 파장이 30만 km나 되는 엄청나게 긴 전자기파를 의미한다. 지구에서 달까지

---

[*] 2000년 12월 14일에 플랑크의 양자 가설 백 주년 기념행사가 지구촌 곳곳에서 있었다.

[**] 이는 오늘날 국제도량형위원회가 정한 표준 플랑크 상수 값인 $6.626 \times 10^{-34}\,\mathrm{J \cdot s}$과 크게 다르지 않다.

의 거리가 38만 km이니, 얼마나 긴 파장인지 상상이 될 것이다. 플랑크의 양자화 가설 $E=nh\nu$에서 n=1인 경우만 생각하면, 이 전자기파가 가진 에너지가 6.63 곱하기 '10의 마이너스 34승' 줄Joule이란 얘기다. '10의 마이너스 34승'이란 0 다음 소수점 밑으로 0이 33개가 있고 그다음에 1이 오는 아주 작은 숫자다. 1줄(J)은 0.24칼로리에 해당하는 에너지로, 물 1cc를 0.24℃ 올릴 수 있는 작은 에너지다. 이 전자기파의 에너지가 그것보다 '10의 마이너스 34승'이나 작은 것이니, 매우 작은 에너지라 할 수 있다.

플랑크의 양자화 가설을 잘못 해석해서 빛의 에너지가 h의 단위로 양자화되어 있다고 생각하는 경우가 있는데, 이는 큰 착오다. 우선 h는 에너지의 단위가 아님을 주지할 필요가 있다. 플랑크 상수 h의 단위는 에너지의 단위인 J(줄)과 시간의 단위인 s(초)의 곱으로, 물리적으로는 작용Action 또는 각운동량의 단위에 해당한다.

따라서 빛의 에너지가 양자화되어 있다는 말은 플랑크의 양자화 가설인 $E=nh\nu$에서 볼 수 있듯이 진동수가 정해지면, 그 진동수에 해당하는 최소에너지 $E=h\nu$의 정수배로 에너지 값이 양자화된다고 해석해야 한다. 이를 진동수가 양자화되어 있다는 것으로 해석해서는 안 된다.

플랑크의 양자설을 도입하기 위해 여러 양자역학 교과서가 쓰는 설명 방식에는 역사적인 오류가 있다. 교과서에서는 보통 흑체복사 스펙트럼을 이론적으로 다루기 위해 레일리–진스 법칙Rayleigh–Jeans law을 먼저 다룬다.

이 법칙에 따르면, 흑체 안에 갇혀 있는 서로 다른 파장의 전자기 파가 에너지등분배 법칙에 따라 모두 똑같은 에너지를 나눠 가질 경우, 짧은 파장의 전자기파일수록 더 강력한 전자기파가 발생되어 나온다는 이상한 결론을 얻게 된다. 이는 곧 무한대의 에너지가 흑체로부터 나온다는 괴변이 되고, 이를 에렌페스트Paul Ehrenfest, 1880~1933는 자외선 파탄Ultraviolet catastrophe이라고 불렀다.

레일리가 처음 이 계산을 시작한 것은 플랑크와 같은 시기였으나, 진스에 이르러 제대로 된 계산을 한 것은 플랑크의 복사공식이 발표된 시점보다 늦다. 에렌페스트가 자외선 파탄이란 말을 쓴 것은 1911년의 일로, 플랑크 공식 발표보다 10년 뒤의 일이다. 무엇보다도 플랑크의 원 논문은 빈의 복사 곡선을 개량하기 위해 쓰여진 것이고, 레일리–진스 법칙에 대한 내용은 없다.

많은 교과서가 흑체복사에 대한 고전역학의 실패를 설명하기 위해 레일리–진스의 자외선 파탄을 먼저 도입하고, 플랑크의 흑체복사 곡선을 그 해결 방안으로 설명한다. 그러나 이는 역사적 사실이 아님을 주지할 필요가 있겠다.

2부
너희들은 입자니,
파동이니?

양자역학을 처음 접한 사람이 꼭 묻는 질문이 있다.
"빛은 입자인가, 아니면 파동인가?" 이미 100년 전에 답해진
이 질문을 아직도 궁금해하는 이유가 무엇일까? 거시 세계
속에서 살아온 우리는 모든 사물을 '구슬 같이 생긴 입자'
또는 '물결 같이 생긴 파동'으로 양분하려는 도그마에 빠져
있기 때문이다. 이는 거시 세계에서 일어나는 현상만으로
학습하여 생긴 우리 사고의 한계다. 그리고 그 한계 때문에
우리는 미시 세계에서 일어나는 현상을
머리로 받아들이지 못한다.

루이 드브로이(Louis de Broglie, 1892~1987)

입자냐 파동이냐, 그것이 문제로다!

'빛은 입자인가, 파동인가?'라는 질문은 매우 오래된 질문이면서도, 여전히 많은 사람이 궁금해하는 질문이다. 입자라 하면 딱딱한 표면을 가진 작은 구슬을 먼저 떠올리게 된다. 반면, 파동이라 하면 끝없이 퍼져나가는 파도를 연상하게 된다.

뉴턴1642~1726은 빛을 아주 작은 입자corpuscle로 생각했다. 사물의 그림자가 생기는 것은 빛 알갱이가 직진하기 때문이다. 반사와 굴절을 하는 것도 입자의 역학적 성질로 자연스럽게 설명될 수 있었기 때문이다.[10]

하지만 뉴턴의 빛 알갱이 설은 1801년 발표된 영국 물리학자 토머스 영Thomas Young의 그 유명한 이중 슬릿 실험에 의해 부정될 수밖에 없었다. 이중 슬릿 실험은 회절되어 퍼져나가는 빛이 2개의 슬릿을 통과한 뒤, 서로 만나면 빛이 이동한 경로 차이에 의해 빛의 보강 간섭과 상쇄 간섭이 일어나, 밝거나 어두운 줄무늬가 반복하여 나타남을 보여준 역사적인 실험이었다.

보강 간섭과 상쇄 간섭은 입자로는 설명될 수 없는 파동만의 성질로, 영의 실험에 의해 빛은 의심의 여지없이 파동임이 확실해졌다.

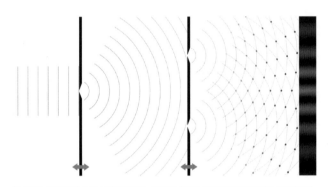

⊙ 토머스 영의 이중 슬릿 실험의 개요도. 첫 번째 슬릿을 통과한 빛이 회절되어, 두 번째 이중 슬릿에 도달한다. 이 두 슬릿에서 각각 회절된 빛이 서로 간섭하여 밝은 띠와 어두운 띠가 교차하는 무늬를 만든다.*

더 나아가, 1864년에는 맥스웰James Clerk Maxwell, 1831~1879이 여러 전기 현상과 자기 현상을 집대성하여 맥스웰 방정식을

___

* 자바실험실을 통해 직접 실험해보자.
   https://javalab.org/en/youngs_double_slit_en/

만들어냈다. 맥스웰은 이로부터 '빛의 전자기 이론'을 제안했다. 여기서 그는 전기장과 자기장을 서로 엮어 파동 방정식을 유도해냈다. 그리고 이를 통해 전자기파의 존재를 처음으로 예측했다.

맥스웰이 계산한 전자기파의 전파 속도는 정확히 빛의 속도와 같았으므로 빛도 전자기파의 한 종류로 여겨졌다.[11] 이로써, 빛이 파동이라는 것을 의심하는 사람은 더 이상 없었다.

한 걸음 더 빛의 속도

맥스웰의 방정식을 잘 조합해보면, 전자기파의 속도(c)가 다음과 같이 계산돼 나온다.

$$c = \frac{1}{\sqrt{\varepsilon_0 \mu_0}}$$

여기서 ε_0는 진공의 유전율Permittivity이고, μ_0는 진공의 투자율 Permeability이라 부르는 물리량(物理量)이다. 유전율과 투자율이 매우 전문적인 용어 같지만, 쉽게 설명하면 유전율이란 전기를 띈 전하가 있을 때 그 주변에 얼마나 센 전기장이 형성되는가를 결정해주는 변환 상수다. 또 투자율이란 전류가 있을 때 그 주변에 얼마나 센 자기장이 형성되는지를 결정해주는 변환 상수로 이해하면 된다.

참고로 진공의 유전율 ε_0는 $8.85 \times 10^{-12}(F/m)$이고, 진공의 투자

율 μ_0는 $4\pi \times 10^{-7}$ (H/m)로 이 둘을 곱해서 제곱근을 씌우고, 그 역수를 계산해보면 다음과 같다.

$$c = \frac{1}{\sqrt{\varepsilon_0 \mu_0}} = \frac{1}{\sqrt{8.85 \times 10^{-12} \cdot 4\pi \times 10^{-7}}} = 2.998 \times 10^8 \, (\text{m/s})$$

정확히 우리가 알고 있는 빛의 속도가 나온다.

파동이 입자라는 빼도 박도 못하는 증거

맥스웰에 의해 빛이 전자기파임이 알려지면서, 빛이 파동이라는 것을 의심하는 사람은 더 이상 없었다. 그런데 1887년, 이상한 일이 보고됐다. 독일의 물리학자 헤르츠 Heinrich Hertz, 1857~1894는 방전관을 만들어 스파크를 일으켜 전자기파를 발생시켰다. 그리고 멀리 떨어진 안테나를 이용해 전자기파를 검출하는 실험을 하고 있었다.

안테나에 전자기파가 도달하면, 전류가 유도된다. 그러면 안테나 끝에 아주 가까이 매달린 두 전극 사이에 스파크가 생긴다. 이로써 전자기파의 도달 여부를 알 수 있었다. 헤르츠는 실험 도중 우연히 안테나에 달린 금속 전극에 자외선을 쪼이면 스파크가 더 잘 일어난다는 것을 발견했다.

헤르츠는 자외선이 두 금속 전극 사이에 전하 이동을 촉진시키는 역할을 한다고 생각했다. '헤르츠 효과'로 불린 이 현상은 이후 여러 학자의 관심의 대상이 되었다. 여러 실험을 통해 금속에 자외선을 쪼이면 금속 표면에 전자가 발생한다는 '광전효과'가 그 원인으로 밝혀졌다.

그런데 이 '광전효과'에는 뭔가 신기한 게 있었다. 그때까지 가지고 있던 고전역학과 전자기학 그리고 광학의 지식으로는 설명할 수 없는 일이 일어나고 있었던 것이었다.

첫 번째 미스터리는 자외선 빛이 닿자마자 광전자가 바로 튀어 나온다는 것이다. 이게 왜 이상할까? 단순하게 생각해보면, 빛을 오래 쪼여서 금속이 뜨겁게 달궈져야 전자가 나올 듯한데, 그게 아니란 것이다. 빛이 파동이니까, 오래 쪼이면 파동의 에너지가 금속에 차곡차곡 쌓일 것 아닌가?

두 번째 미스터리는 광전효과가 자외선 같이 짧은 파장의 빛에서만 일어나지, 빨간색 가시광선이나 적외선 같이 긴 파장의 빛에서는 전자가 튀어나오지 않는다는 점이었다. 빛이 전자기파라면, 빨간색 빛이든 적외선이든 오래 쪼이기만 하면 언젠가는 금속이 달궈져 전자가 나올 법도 하다. 그런데 긴 파장의 빛은 아무리 오래 쪼여도 광전효과가 나타나지 않았다는 것이다.

미스터리는 여기서 끝나지 않았다. 약한 자외선 대신 강한 자외선을 쪼이면 더 많은 광전자가 튀어나오는 것은 예상한 대로였다. 그런데 강한 빛을 쪼인다고 해서, 튀어나온 전자의 운동에너지가 더 큰 것은 아니었다. 광전자의 에너지는 쪼여준 빛의 세기와는 무관하고, 오로지 빛의 파장에만 영향을 받았다. 더 짧은 파장의 빛일수록 더 큰 에너지를 가진 광전자가 나왔다.

이처럼 미스터리한 광전자의 행동은 빛의 파동 이론으로는 설명이 불가했다. 빛이 파동이라면 광전자의 운동 에너지는 파동의 진폭에 따라 달라질 것이다. 큰 파도가 치면 큰 에너지가 나오는 것은 당연한 이치다.

또한 작은 파동이더라도 천천히 계속 흔들다 보면, 파동이 중첩되면서 점점 더 큰 물결이 된다. 그러면 공명이 일어나면서 큰 에너지의 파동이 될 것이다. 그러니 긴 파장의 빛도 오래 쪼이면 큰 에너지를 가진 광전자가 나와야만 했다. 그런데 실제로는 그렇지 않았다.

이 광전효과의 미스터리를 해결한 사람은 바로 아인슈타인$_{1879~1955}$이었다. 1905년 아인슈타인은 '광양자설$_{Light\ quanta}$'을 발표하면서, 아주 쉽게 광전효과를 설명해냈다.[12]

광양자설이란 빛의 진동수가 ν일 때, 빛은 진동수에 플랑크 상수(h)를 곱한 만큼의 에너지를 갖는 입자로 봐야 한다는 주장이다. 빛이 $E=h\nu$의 에너지를 갖는다는 것은 흑체복사 공식에서 빛의 에너지가 $E=nh\nu$로 양자화되어야 한다는 플랑크의 양자가설과 다를 바 없다. 아인슈타인의 주

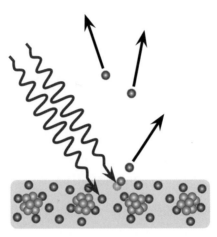

⊙ 빛이 파동이라면 금속 표면에 있는 전자를 좌우로 진동시키기만 할 뿐, 수직으로 튀어나 오게 할 수는 없다. 하지만 빛이 입자라면 충돌에 의해 전자를 밀어낼 수 있다.

장이 달랐던 것은, 빛이 $E = h\nu$의 에너지를 갖는 '입자'라는 것이다. 빛이 입자라면 광전효과에 대한 얘기가 송두리째 달 라진다.

광전효과를 광양자설로 설명하기 위해 당구를 예로 들어 보자. 당구공을 전자라 생각하고, 당구대를 금속면이라 가 정해보자. 광전효과란 금속표면에서 전자가 튀어나오는 것이 므로, 당구에 비유하면 당구공이 당구대 위로 튀어 올라오 는 것에 해당한다. 자, 당구공을 위로 튀어 오르게 하려면 여 러분은 어떻게 할 것인가?

첫 번째 방법은 당구대를 좌우로 흔드는 것이다. 비록 당구대가 무겁지만 당구대를 좌우로 흔들면 당구공에 에너지를 전달할 수 있다. 당구대를 좌우로 흔드는 것은 파동에 해당한다. 하지만 이렇게 해서는 당구공이 절대로 위로 튀어오를 수 없다. 왜냐하면 당구공이 받아가는 운동량은 모두 수평 방향이기 때문이다. 그래서 당구공이 수직으로 솟아오를 수 없는 것이다.

사실 당구공을 위로 튀어 오르게 하는 방법은 간단하다. 당구 실력이 '300점' 이하인 사람은 해서는 안 된다는 '찍어 치기'를 하면 된다. 이 경우, 당구공은 수직 방향의 운동량을 얻어 위로 솟구칠 수 있다.

꼭 당구 큐대로 찍어 칠 필요는 없다. 다른 당구공을 위에서 아래로 던져 당구공과 충돌시켜도 된다. 이렇듯 아인슈타인은 빛이 입자라면, 충돌을 통해 전자를 밀어낼 수 있을 것으로 생각했다.

광양자설에 따르면, 빛의 에너지가 $E=h\nu$ 이므로 낮은 진동수(긴 파장)를 가진 빛 알갱이는 아무리 쪼여도 광전자가 발생하지 않는 것도 설명할 수 있다. 작은 에너지를 가진 모래 알갱이는 아무리 많이 던져도 당구공을 위로 튀어 오르게 하지 못하는 것과 같은 이치다.

뉴턴이 빛의 입자설을 주장한 것은 1704년이었다. 그로부터 거의 2백 년이 지난 1905년, 아인슈타인은 광양자설을 통해 다시 빛이 입자임을 밝혔다. 그럼 도대체 빛은 뭔가? 입자인가 파동인가? 회절과 간섭 현상은 빛의 입자설로는 절대 설명이 불가능하고 오로지 파동일 때만 나타나는 현상이다. 반대로 광전효과는 입자설로만 설명이 가능한 현상이다. 빛의 본질에 대한 질문은 이렇게 20세기로 넘어왔다.

한 걸음 더 빛이 입자라는 결정적인 증거

결정적으로 빛이 입자란 빼도 박도 못하는 증거는 1923년, 미국의 물리학자 컴프턴A. H. Compton, 1892~1962에 의해 제시되었다. 컴프턴은 도체 속에 있는 전자에 빛을 쪼일 때, 빛이 전자기파라면 전자를 진동시키기만 하고 반사된 전자기파의 파장은 변하지 않을 것이라고 생각했다. 또 빛이 입자라면 빛 알갱이가 당구공처럼 전자를 밀어내고 스스로도 에너지를 잃을 것이란 생각에 이를 확인해보고자 했다.

실험 장치를 꾸민 컴프턴은 흑연 결정에 X선을 쪼인 뒤, 산란되어 나오는 X선의 산란 각도와 산란된 X선의 파장을 기록해나갔다. 놀랍게도 산란된 엑스선의 파장이 길어진다는 것을 발견한 컴프턴은 이내 빛의 입자설을 바탕으로 X선과 전자의 충돌을 간단한 2체 충돌 문제로 풀어나갔다.

컴프턴의 계산은 간단했다. 역학적으로 충돌 전후의 에너지와 운동량이 모두 보존되어야 한다는 조건을 놓고, 충돌 전후의 빛의 파장이 바뀌는 정도와 산란각의 관계를 구했던 것이다.

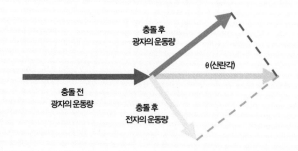

충돌 후
광자의 운동량

θ(산란각)

충돌 전
광자의 운동량

충돌 후
전자의 운동량

컴프턴의 실험값은 정확히 이론과 들어맞았다. 빛은 마치 당구공처럼 많이 꺾이면 에너지를 크게 잃었고, 살짝 꺾이면 에너지를 적게 잃었다. 이는 빛이 입자임을 완벽하게 보여주는 실험 결과였다. 컴프턴은 이 업적으로 1927년 노벨상을 받았다.[13]

입자가 파동이라는 빼도 박도 못하는 증거

앞에서 본 바와 같이, 파동이라 여겨졌던 빛은 자외선이나 엑스선처럼 파장이 짧아지면 입자처럼 행동한다. 그러니 빛은 파동이기도 하고 입자이기도 한 이중적인 존재로 보는 것이 맞다.

빛이 이렇게 파동이라는 자기 정체성을 잃어갈 때, 좀 엉뚱하지만 그 반대의 생각을 떠올린 사람이 있었다. 그의 이름은 루이 드브로이였다.*

---

* 　드브로이(de Broglie)는 프랑스 이름으로, 읽을 때 '드 브로이' 또는 '드 브뢰이'로 읽는다. 'gl'이 모두 묵음이다. 영어식으로 Broglie를 '브로글리'라도 읽으면 교양 없는 사람으로 인식될 수 있다. '드브로이'란 성은 '~의'를 뜻하는 '드(de)'와 노르망디의 작은 마을의 이름인 '브로이(Broglie)'가 결합된 것으로, 불어로는 '브로이의'란 뜻이다. 성 앞에 '드(de)'는 귀족가문만 붙인다고 하니, 그의 집안은 브로이 마을 귀족이었을 것이다. 프랑스 혁명 때 귀족은 거의 다 처형을 당했다고 하는데, 드브로이의 집안이 어떻게 살아남았는지는 알려져 있지 않다.

드브로이는 원래 대학에서 역사학을 전공했다. 1차 세계대전 때 기술병으로 군에 입대해 무선통신을 연구했고, 늦게 제대하여 거의 서른이 되어서야 물리학 공부를 시작했다. 하지만 그는 늦깎이 공부에도 단 몇 년 만에 물리학 역사에 길이 남을 업적을 남겼다. 그것은 바로 입자가 파동성을 갖는다는 주장이었다.[14]

드브로이가 도입한 이 물질파란 개념은 수식적으로는 아주 간단히 설명할 수 있다. 먼저 광양자설을 떠올려보자. 이는 빛의 에너지(E)가 플랑크 상수(h)와 진동수(ν)의 곱으로 아래와 같이 주어진다는 아인슈타인의 가설이다.

빛의 에너지 = 플랑크 상수 × 진동수

$$E = h\nu$$

한편 특수상대성이론에서 나오는 아인슈타인의 에너지(E), 운동량(p), 질량(m)간의 관계식 $E = \sqrt{p^2 c^2 + m^2 c^4}$ 에서 빛과 같이 질량이 0인 경우를 생각해보자. 그러면 아래와 같은 등식이 성립함을 알 수 있다.

빛의 에너지 = 운동량 × 빛의 속도

$$E = pc$$

이 두 식을 합치면, $h\nu=pc$가 된다. 진동수(ν)와 파장(λ)의 곱이 광속도인 관계 $c=\lambda\nu$를 이용하면, 우리는 다음과 같은 공식을 얻어낼 수 있다.

$$\lambda=h/p$$

이 공식이 뜻하는 바는 아주 간단하다. 예를 들어 질량이 m이고 속도가 v인 입자가 있으면, 이 입자의 운동량이 mv다. 그러므로 이 입자가 가지는 파장은 공식에 따라 다음과 같이 된다.

물질의 파장=플랑크 상수/운동량 = 플랑크 상수/(질량 × 속력)

$$\lambda=\frac{h}{p}=\frac{h}{mv}$$

입자의 파장을 갖다니? 이는 물질이 파동처럼 행동한다는 것이었고, 드브로이는 이를 물질파라 불렀다.

데이비슨과 거머의 실험

전자電子, electron는 대표적인 기본 입자다. 캐소드관 실험을 통해 전자를 처음으로 발견한 사람은 영국 물리학자 조지

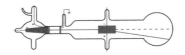

⊙ 음극선은 양의 전극 쪽으로 끌린다. 이는 음극선이 음의 전기를 띠고 있음을 말해준다.

프 존 톰슨Joseph John Thomson, 1856~1940이지만, 사실 그에 앞서 전자의 존재를 예견했던 사람은 조지 존스톤 스토니George Johnstone Stoney, 1826~1911다. 스토니는 톰슨이 전자를 발견한 1897년보다 사반세기 전인 1874년에 이미 전자의 존재를 예견했었다.

전자는 원래 음극선Cathode Ray이란 이름을 가진 미지의 광선으로 인식되고 있었다. 그러나 톰슨이 음극선이 전기장에 의해 휘어진다는 것을 알아내면서, 음극선은 음의 전기를 띤 입자, 즉 전자의 다발로 판명되었다.

전자를 발견한 톰슨은 전자가 마치 백설기 떡에 건포도가 박힌 모습의* 원자 모형을 제안했다. 이후 러더포드Ernest Rutherford, 1871~1937가 원자핵을 발견했다. 그래서 원자는 원자핵과 그 주위를 뱅글뱅글 도는 전자로 구성된 태양계 같은 모습으로 여겨졌다.

---

* 톰슨이 제안한 원래의 원자의 모습은 자두 파이plum pie모형으로 양의 전기를 띤 파이 위에 전자가 자두처럼 박힌 것이었다.

입자로 여겨지던 전자에 대한 인식이 바뀌기 시작한 건 보어의 원자 모형이 나오면서부터였다. 보어는 수소 원자 속에 들어 있는 전자가 마치 파동처럼 행동하여, 공전 궤도를 따라 정상파를 이루어야만 수소 원자 스펙트럼을 설명할 수 있다는 것을 보여주었다. 그렇다면 전자는 원자 속에 들어 있을 때는 파동이었다가, 바깥세상으로 나오면 입자가 되는 것인가?

그로부터 10년이 지나 드브로이의 물질파 주장이 나오자, 드브로이의 이론을 실험적으로 검증할 필요가 생겨났다. 하지만 물질파에 대한 실험적 증거는 수년이 지나도 나오지 않았다. 그러다 1927년 뜻하지 않은 실험에서 물질파에 대한 결정적 증거가 제시됐는데, 바로 그것이 유명한 데이비슨과 거머의 실험Davisson-Germer experiment이다.[15]

데이비슨과 거머의 실험은 원래부터 물질파를 검증하기 위해 수행된 것은 아니었다. 그들의 원래 실험 목적은 전자를 금속 표면에 쏜 뒤, 반사되어 나오는 전자가 어떤 변화를 겪게 되는지를 알아보는 것이었다. 데이비슨과 거머는 금속 표면 주위에 전자 검출기를 달고 반사각을 조절해가며 반사된 전자의 개수를 측정했다.

그런데 전혀 예상치 못한 신기한 현상이 발견되었다. 전자를 입자라고 생각하면, 금속에 반사되어 튕겨 나오는 전자가

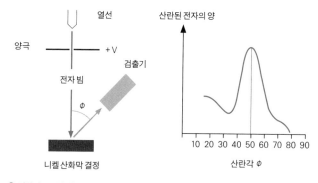

열선
양극
+ V
검출기
전자 빔
φ
니켈 산화막 결정

산란된 전자의 양

10 20 30 40 50 60 70 80 90
산란각 φ

⊙ 전압이 54V일 때 50도에서 가장 큰 반사가 일어난다.

제일 많고, 각도가 벌어짐에 따라 점점 산란된 전자의 수가 적어질 거라고 예상했다. 그런데 반사각이 50도 정도에서 전자의 양이 급증한다는 사실을 발견한 것이다.

이는 마치 X선이 결정 안에서 브래그 회절Bragg diffraction을 일으키듯이, 전자도 금속 결정 사이를 지나면서 보강, 상쇄 간섭이 일어난다는 사실을 의미했다. 즉 전자가 파동처럼 행동했다는 것이었다. 입자로 여겨졌던 전자가 고유 파장을 갖는 파동이었고 이는 곧 물질파의 실험적 검증으로 여겨졌다.

재미난 사실 하나는, 데이비슨-거머 실험의 결과가 운 좋게 얻어졌다는 것이다. 실험 도중 진공을 유지하기 위한 유리벽에 금이 가서 실험 장치 안으로 공기가 들어갔다. 이 때문에 니켈 금속 표면에는 산화막이 생기게 되었다. 이후 전자 빔을 두들겨 맞은 니켈 표면은 가열되면서 결정을 형성했다. 바로 이 결정 덕택에 전자가 간섭을 일으킬 수 있었던 것이다.

하여간 데이비슨은 이 발견으로 1937년 노벨상을 받게 된다. 불행히도 거머는 실험에 있어 보조자 역할을 했다는 인식으로 노벨상 수상에서 제외됐다.

전자의 회절과 간섭 실험

전자가 진짜 파동이라면, 전자도 회절을 해야 하지 않을까? 실제로 전자가 회절을 한다는 것을 보여준 실험을 한 사람은 조지 패짓 톰슨George Paget Thomson, 1892~1975이었다.[16] 조지 톰슨은 전자를 발견한 조지프 존 톰슨의 아들이다.

아버지는 캐소드관 실험을 통해 전자란 입자를 발견한 사람이고, 그의 아들은 회절 실험 장치를 통해 전자가 파동임을 입증한 사람이다. 그러니 아버지와 아들이 전자의 입자성과 파동성을 모두 다 발견한 것이다. 게다가 둘 다 전자에 대한 연구로 노벨상을 받았으니, 진정한 전자의 전문가 집안이라 할 수 있겠다.*

---

* 아버지는 1906년, 아들은 1937년에 노벨상을 받았다.

⊙ 아들 톰슨이 보여준 전자의 회절상. 전자빔이 아주 작은 구멍을 통과한 뒤 회절무늬를 만들어낸다.

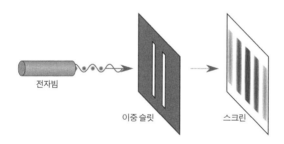

전자빔

이중 슬릿

스크린

전자가 파동성이 있어 회절을 한다면, 영의 이중 슬릿 실험과 같이 2개의 슬릿을 통과하면, 빛처럼 보강 간섭과 상쇄 간섭이 일어나지 않을까? 실제로 이런 실험을 여러 번 수행했다. 그리고 실제로 전자가 간섭무늬를 만든다는 것이 밝혀졌다.[17]

"빛은 입자인가, 파동인가?"

"전자는 입자인가, 파동인가?"

이 질문은 양자역학을 접한 사람들이 가장 많이 하는 질문이다. 그런데 사실 이는 더 이상 해서는 안 되는 질문이다. 왜냐하면 이 질문은 이미 100년 전에 답이 나온 질문이기 때문이다.

'입자'라고 하면 머릿속에 뭐가 떠오르는가? 구슬 같은 것이 생각날 것이다. 그럼 '파동'이라고 하면 무엇이 연상되는가? 호숫가에 돌멩이를 던질 때 생겨나는 물결이 떠오를 것이다.

입자와 파동에 대한 이런 전형적인 모습은 사실 우리가 어릴 때부터 거시 세계만 관찰하고 그 정보로 우리의 뇌가 학습했기 때문이다. 우리는 입자와 파동의 이중성을 가진 물체를 거시 세계에서 본 적이 없다.

그래서 우리 뇌는 입자가 아니면 파동, 파동이 아니면 입자란 양분법으로 프로그램되어 있다고 볼 수 있다. 그래서 인간은 무엇을 만나든 입자와 파동 둘 중 하나로 분류하려는 도그마에 빠져 있는 것이다.

우리는 양성자나 전자 같은 미시 세계의 입자를 눈으로 본 적이 없다. 광자도 마찬가지다. 그런데 인간은 전자에게, 광자에게 질문을 한다.

"너는 입자니, 파동이니?"

사실 이건 말도 안되는 질문이다. 입자냐 파동이냐는 인간들이 거시 세계에서 봐왔던 모습이지, 전자가 꼭 거시 세계의 당구공 같은 모습을 또는 물결 같은 모양을 할 필요는 없다. 결국 '입자냐, 파동이냐'라는 질문은 우리가 굳이 둘 중 하나로 나눠 생각하려는 그릇된 관념일 뿐이다. 우리는 소위 양분을 해야 한다는 '강박관념'에 빠져 있는 것이다.

애초에 입자니 파동이니 하는 건 인간이 만든 개념이고, 전자나 광자는 태어날 때부터 입자성과 파동성을 다 같이 가지고 있는 존재다. 그러니 앞으로 빛이 "입자인가, 파동인가?"라는 질문은 더 이상 하지 말자. 이런 질문을 하면 100년 전 사고방식을 떨쳐내지 못하는 사람이 된다.

인간 세상도 마찬가지다. "당신은 좌파입니까, 우파입니까?"라는 질문은 매우 어리석은 질문이다. 인간은 사안에 따라, 어떨 때는 좌파적인 생각을 하고 어떨 땐 우파적인 생각을 한다. 또 어떤 일에는 진보적으로, 다른 것은 보수적으로 생각할 수 있다. 이중성, 다중성을 가진 것이 인간의 본성이다.

그러므로 양분법적으로 인간을 나누려는 생각은 '입자냐, 파동이냐'와 같이 어리석은 질문이라 하겠다. 양자역학적으로 인간을 바라보면 마음에 평화가 올 것이다.

3부
원자라는 정밀 기계

원자(Atom)는 원래 더 이상 쪼갤 수 없는 물질의 최소 단위를 의미했다. 그러나 19세기말 톰슨에 의해 전자가 발견되고, 20세기 초 러더포드에 의해 원자핵의 존재가 알려지면서, 원자의 내부 구조가 드러나기 시작했다. 그때까지 미스터리로 여겨졌던 원자의 복사 스펙트럼은 사실 원자라는 정밀 기계가 방출하는 빛이었고, 이는 양자론에 의해서만 설명될 수 있는 현상이었다.

닐스 보어(Niels Bohr, 1885~1962)

태양계를 닮은 원자

　원자_{Atom}란 명칭은 '더 이상 쪼갤 수 없는 물질의 기본 단위'라는 뜻을 가지고 있다. 그렇지만 톰슨의 실험으로 원자 속에 전자가 들어 있음이 알려졌다. 원자가 빛을 흡수하거나 빛을 방출하는 것을 보면, 분명 원자 안에 어떤 구조가 있어서 전자가 모종의 역할을 하는 것으로 여겨졌다. 문제는 원자가 너무나 작아 현미경으로도 그 속을 들여다볼 수 없다는 것이었다.

　딱딱한 호두 속에 무엇이 들어 있는지를 알려면 어떻게 해야 할까? 당연한 이야기이지만 호두를 깨보면 알 수 있다. 원자 속에 무엇이 들어 있는지를 알아보는 방법도 마찬가지다. 이런 궁금증으로 원자를 깨 부셔보려는 시도를 했던 사람이 바로 러더퍼드였다.

　문제는 원자를 두들겨 부술 수 있는 방법을 알아내는 것이었다. 러더퍼드는 알파입자가 그 역할을 할 수 있을 것으로 생각했다. 당시 러더퍼드는 베끄렐이 발견한 우라늄 방사선을 연구하고 있었는데, 이 우라늄 방사선이 두 종류임을 알아냈다. 러더퍼드는 그중 양의 전기를 띤 방사선을 '알파선'이라 불렀고, 음의 전기를 띤 방사선을 '베타선'이라 불렀다.[*]

러더퍼드가 실험을 시작할 당시에는 알파입자가 헬륨의 핵이란 것을 모르고 있었다. 그에게는 알파입자가 미지의 방사선 중 하나였을 뿐이었다. 다만 알파입자가 베타입자에 비해 훨씬 더 무거워, 베타입자가 총알이라면 알파입자는 대포알 같다고 생각했다.

러더퍼드는 그의 연구원이었던 한스 가이거Hans Geiger, 1882~1945 그리고 학생 연구원이었던 어니스트 마스덴Ernest Marsden, 1889~1970과 함께, 역사적인 알파입자의 금박 산란 실험을 수행했다.

러더퍼드가 알파입자 산란 실험에 성공할 수 있었던 것은 무엇보다도 그의 연구원이었던 한스 가이거 덕분이었다. 방

---

[*] 훗날 러더퍼드는 전기를 띄지 않는 다른 미지의 방사선을 발견했는데, 이를 세 번째 방사선이란 의미로 '감마선'이라 명명했다. 따라서 우리가 알고 있는 알파선, 베타선, 감마선이란 방사선의 이름은 모두 러더퍼드가 작명한 것이다.

사선 계측기의 대명사인 가이거 계수기Geiger counter의 '가이거'가 바로 그의 이름이다. 러더퍼드는 알파입자 산란 실험을 가이거에게 부탁했고, 실험은 가이거가 주도했다.

1908년 가이거가 수행한 첫 번째 실험은 매우 간단했다. 어찌 보면 엑스선 실험이나 음극관 실험보다도 훨씬 간단했다. 유리관 한쪽에는 다량의 알파입자를 내는 라듐을 놓고, 반대편에는 알파입자가 부딪히면 반짝이는 빛을 내는 형광 스크린을 설치했다. 그런 다음 알파입자가 만드는 섬광의 분포를 알아보는 실험이었다.

알파입자는 공기 중에서는 공기 분자들과 부딪혀 멀리 날아가지 못한다. 이를 잘 알고 있던 가이거는 진공 펌프를 사용해 유리관 속 공기를 모두 빼냈다. 그리고 알파입자가 그대로 형광 스크린까지 직진하여 도달하는지 확인했다.

그렇게 되면 스크린의 중앙 부분에만 섬광이 발생하게 된다. 반면 유리관 속에 공기를 조금씩 주입하기 시작하면, 알파입자들이 공기 분자들과 부딪치면서 알파입자의 산란이 일어난다. 곧 형광 스크린에 만들어지는 섬광의 분포가 넓어지게 된다.

가이거는 또 유리관 속에 공기를 모두 빼내고, 유리관 중간에 얇은 금박을 넣어 금박에 의해 얼마나 알파입자가 산란되는지도 살펴보았다. 공기에 의한 산란과 얇은 박막에 의한 산란이 어떻게 다른지도 관심의 대상이었다. 이와 같이 가이거는 꾸준하게 알파입자와 물질과의 산란에 대해 차곡차곡 실험 결과를 만들어나갔다.

가이거는 실험을 통해 알파입자가 대부분 1~2도 정도의 작은 각으로 산란을 하지만, 물질의 두께가 두꺼워지면 산란각이 커짐을 러더포드에게 알려주었다. 가이거가 실험에 빠져 있는 동안 러더포드는 알파입자의 산란을 어떻게 이해할 수 있는가에 대한 깊은 고민에 빠지게 되었다.

그러던 중 학부생 인턴 마스덴이 실험에 합류했다. 알파입자의 산란각을 계산해낼 수 있는 공식을 만드는 데 푹 빠져 있던 러더포드는 큰 각도로 휘어지는 알파입자가 얼마나 되는지, 또 90도를 넘어 휘어지는 알파 입자도 있는지 등을 마스덴에게 조사해보라고 부탁했다.

그래서 가이거는 마스덴과 함께 알파입자가 90도 이상 휘어지는지를 관찰할 수 있도록 실험 장치를 새롭게 설계했다. 1909년에 수행된 실험에서 그들은 8000개의 알파입자 중 1개 정도는 90도 이상 꺾이는 것을 관찰하게 된다. 이 결과를 보고받은 러더포드가 얼마나 크게 놀랐는지 그 결과를 '신문지에 쏜 포탄이 뒤로 튕겨져 나온 것'에 비유한 것은 매우 유명한 이야기다.

러더포드는 원자속에 양의 전하를 띤 무거운 원자의 핵이 존재한다는 가설을 세웠다. 그리고 가설을 바탕으로 알파입자의 산란각 분포를 완벽하게 계산해낼 수 있었다. 러더포드는 원자가 톰슨이 상상했던 건포도가 박힌 백설기의 모습이 아니라, 양의 전기를 띈 무거운 원자핵이 중심에 있고 전자가 그 주위를 뱅글뱅글 도는 태양계의 모습을 가지고 있다는 혁신적인 원자 모형을 세웠다. 이때가 1911년이었으니, 인류가 원자 구조를 제대로 파악하기 시작한 것은 그리 오래된 일이 아니다.[18]

러더포드의 원자 모형은 곧바로 원자 속 전자들이 태양계의 행성들처럼 케플러의 법칙에 따라 움직일 것이라는 생각을 갖게 했다. 그러나 불행이도 원자 속 전자들은 케플러의 법칙을 따라 원궤도 운동을 하지 못한다. 왜냐하면 전자는 전기를 띈 입자이고, 전기를 띈 입자들이 원 운동을 하게 되면 전파가 발생하면서 에너지를 잃게 되어, 전자가 공전궤도를 유지할 수 없기 때문이다.

바로 이 문제를 해결하여 안정된 원자 모형을 만들려고 했던 것이 닐스 보어다.

러더포드에 대해 잘못 알려진 이야기를 흔히 접할 수 있다. 그중 첫 번째는 러더포드가 알파선 산란 실험을 통해 원자핵을 발견한 업적으로 노벨상을 받았다는 이야기다.

그가 노벨상을 받은 것은 1908년의 일로 알파선 산란 실험보다 먼저다. 그의 노벨상은 방사성 원소들의 붕괴에 대한 그의 연구 업적을 기린 것이다. 그건 그가 캐나다 맥길 대학에서 일할 때 이룬 업적이었다.

그가 맥길을 떠나 맨체스터로 옮긴 것이 1907년이었다. 그는 맨체스터 대학에 오자마자, 전 직장 맥길 대학에서의 업적으로 노벨상을 받은 것이다. 맥길 대학 입장에서는 많이 아쉬웠을 것이다.

두 번째로 잘못 전달되는 이야기는 그가 노벨물리학상을 받았다는 것이다. 사실 그가 받은 노벨상은 노벨화학상이었다. 러더포드는 "물리학만이 유일한 과학이고, 다른 학문은 그저 우표수집에 불과하다"라고 이야기할 정도로 물리학에 대한 자부심이 강한 사람이었다.

그렇다고 자신에게 주어진 노벨화학상을 거부하지는 않았다. 대신 그는 수상연설에서 "이 상을 받으리라 전혀 기대하고 있지 못했습니다. 저 역시 화학자로 변한 제 모습에 깜짝 놀라고 있습니다"라고 말했다고 한다. 그가 받은 업적이 원소의 변환에 대한 것임을 생각해보면, 아주 재미있는 비유다.

그에 대한 세 번째 오해는 그의 조수였던 가이거와 학생연구원 마스덴이 러더포드 산란 실험을 주도적으로 수행한 사람이었는데도, 가이거와 마스덴은 함께 노벨상을 받지 못했다는 것이다. 하지만 이것도 첫 번째 오해와 마찬가지로 산란 실험 이전에 이미 러더포드가 노벨상을 받았다는 사실을 생각해보면, 쉽게 오해임을 쉽게 알 수 있다.

보어의 원자

러더퍼드 원자 모형은 대중의 관심을 흠뻑 받았다. 무엇보다도 원자 속에 태양계 같은 구조가 들어 있다는 사실은 사람들의 상상력을 자극하기에 충분했다. 그러나 물리학자가 보기에는 심각한 문제가 있었다. 원자핵 주변을 전자가 행성처럼 공전한다는 것은 얼핏 생각하면 '뭐, 그럴 수도 있겠지' 하겠지만, 물리학을 들이대면 금세 여러 문제점이 튀어 나왔다. 전기를 띈 입자가 회전운동을 할 때 생기는 문제가 제일 심각했다. 빠르게 움직이는 전자가 핵 주변을 지나면 급작스럽게 감속되면서 에너지를 잃는다. 잃어버린 에너지는 전자기파가 되어 나오는데 물리학자들은 이를 '제동복사'라고 부른다.[*]

---

[*] 제동복사는 bremsstrahlung이라는 독일어에서 온 단어다.

회전 운동도 알고 보면 가속 운동이다. 따라서 전하를 띤 입자가 회전 운동을 하게 되면, 전자기파가 발생하게 된다. 안테나에서 전파가 발생하는 것도 비슷한 원리다. 안테나 속의 전자들도 진동 운동을 하면서 전자기파를 낸다. 그래서 러더퍼드의 모형대로 전자가 원자핵 주변을 뱅글뱅글 돌다보면, 다음 그림과 같이 전자는 끊임 없이 전자기파를 방출하며 에너지를 잃으면서 원자핵으로 끌려 들어가게 된다.

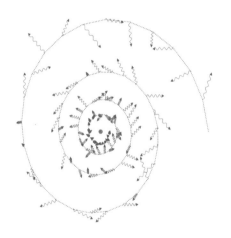

고전역학과 전자기학을 써서 제동복사에 의해 전자가 원자핵에 빨려 들어가는 시간을 계산해보면, 대략 1조 분의 1초 정도가 나온다. 즉 전자는 순식간에 원자핵에 빨려 들

어간다. 그럼 불멸의 원자가 아니지 않은가?* 무엇이 잘못된 것일까?

콜럼버스의 달걀과도 같은 보어의 해결책

서른 살의 덴마크 출신 물리학자, 닐스 보어는 이 문제를 심각하게 고민하고 있었다. 오랜 고민한 끝에 1913년 경 그가 내린 결론은 원자와 같이 작은 세상에선 고전역학과 전자기학만으로 설명 안 되는 새로운 역학법칙이 있어야 한다는 것이었다. 이 문제를 해결하기 위해 그가 내린 첫 번째 처방은 다음과 같았다.

"특정 궤도 위의 전자는 제동복사를 내지 않고,
영원히 안정적으로 돌 수 있다."

'아니, 왜?' 이런 질문을 해서는 안된다. 왜냐하면 이 첫 번째 처방은 이해를 요구하는 것이 아니라 믿음을 요구하는 것이기 때문이다. 그럼 그런 특정 궤도는 어떤 궤도를 말하는가? 이 질문에 답하기 위해서는 우선 '각운동량'이 무엇인지

---

* 『불멸의 원자』는 이강영 교수의 베스트셀러 책 제목이다.

알아야 한다. 원 운동에 있어 전자의 각운동량은 아래와 같이 쉽게 계산할 수 있다.

전자의 각운동량(l) = 궤도 반지름(r)×전자의 운동량(p)

= 궤도 반지름(r)×전자의 질량(m)

×전자의 속도(v)

보어가 생각한 특정 궤도는 전자의 각운동량이 플랑크 상수를 2π로 나눈 값의 정수배가 되는 궤도를 지칭했다.

$$l = rmv = n\hbar$$

참고로 $\hbar$는 '에이치 바(h bar)'라고 읽고, 이는 플랑크 상수를 2π로 나눈 값이다. 이를 '환산 플랑크상수'라고 부르거나, '디랙 상수'라고 부르기도 한다.

보어의 이 대담한 가정은 플랑크의 흑체복사 공식에서 에너지가 플랑크 상수 곱하기 진동수의 정수배로 양자화되어야 한다는 양자가설과 일맥상통한 가정이었다. 즉 흑체복사에서는 박스 안을 진동하는 전자기파가 정상파Standing wave를 만드는 조건이었다면, 원자에서는 전자가 원궤도를 돌며 정상파를 만들어져야 한다는 가정이었다.

다르게 표현한다면, 원궤도의 원주($2\pi r$)가 정확히 파장의 정수 배($n \times \lambda$)가 되어 '정상파'가 되는 특정 궤도에서는 전자가 에너지를 잃지 않고, 안정하다는 가정이다. 이를 수식으로 표현하면 $2\pi r = n\lambda$라고 쓸 수 있다.

다음으로 고려할 것은 원자핵이 전자를 끌어당기는 힘과 전자의 원 운동이다. 태양이 지구를 끌어 당기는 힘이 만유인력이라면, 핵이 전자를 끌어당기는 힘은 쿨롱의 힘이다. 이 두 힘은 똑같은 꼴의 공식으로 표현된다.

$$\text{만유 인력: } F = G\frac{m_1 m_2}{r^2}$$
$$\text{쿨롱의 힘: } F = k\frac{q_1 q_2}{r^2}$$

만유인력에선 힘이 질량, m_1, m_2의 곱에 비례하고, 쿨롱의 힘에서는 전하, q_1, q_2의 곱에 비례한다. 만유인력이 구심력이 되어, 지구는 태양을 공전한다. 그리고 쿨롱의 힘이 구심력이 되어 전자는 원자핵 주위를 공전한다.

참고로 회전 운동을 하는 물체가 바깥으로 튀어 나가려는 힘인 원심력은 질량에 비례하고, 속도의 제곱에 비례한다. 그리고 반지름이 커질수록 줄어든다. 물체의 질량을 m, 속도를 v, 반지름을 r이라 표현하면, 원심력은 다음과 같이 표현된다.

$$\text{원심력: } F = \frac{mv^2}{r}$$

따라서 전자를 잡아당기는 구심력과 전자가 도망가려는 원심력이 정확히 같으면 전자는 원궤도를 계속 돈다. 수소원자의 경우, 양성자나 전자 모두 전하가 같은 크기 e이므로, q_1, q_2에 모두 e를 넣으면, 다음 등식을 얻을 수 있다.

$$\text{k} \frac{e^2}{r^2} = \frac{mv^2}{r}$$

여기에 보어의 가정인 $l = rmv = n\hbar$을 대입해보면, 다음 식을 얻는다.

$$r = n^2 \frac{\hbar^2}{\text{km}e^2}$$

식을 정리하는 것은 어렵지 않으니 독자들도 한번씩 직접 풀어보면 좋겠다. 이 식에서 n은 1, 2, 3, … 인 정수이고, $\hbar$, m, k, e는 모두 물리 상수다. 참고로 n=1일 때의 값, $r = \frac{\hbar^2}{kme^2}$ 을 써서 반지름을 계산해보면, 0.53Å이 나온다. 이를 '보어의 반지름(a_0)'이라고 부른다. 이를 근거로 수소 원자의 지름이 대략 1Å이라고 생각하면 되겠다.

그럼 n에 1, 2, 3, … 를 차례로 넣어보자. 그러면 특정 궤도의 반지름이 착착 계산되어 나온다.

$$r_1 = a_0$$

$$r_2 = 4a_0$$

$$r_3 = 9a_0$$

$$\cdots$$

n값이 커짐에 따라, 반지름은 n의 제곱으로 커지고, 정상
파의 조건인 $2\pi r = n\lambda$을 고려하면, 파장은 n에 비례해서 커
짐을 알 수 있다. 이를 그림으로 그려보면 다음과 같다.

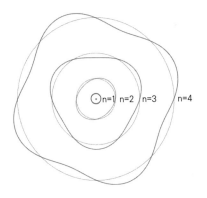

수소 원자의 에너지 준위

바깥 궤도로 갈수록 파장이 길어진다는 얘기는 전자가

가진 운동량도 에너지도 작아진다는 말이 된다. 운동량은 간단히 각운동량(l)을 반지름(r)으로 나누면 얻을 수 있고, 에너지는 $E = p^2/2m$을 사용해서 구하면 된다. 이를 모두 표로 정리해보면 다음과 같다.

n	각운동량(l)	궤도 반지름(r)	파장(λ)	운동량(p)	에너지(E)
1	$\hbar$	a_0	$2\pi a_0$	$\dfrac{\hbar}{a_0}$	$\dfrac{\hbar^2}{2ma_0^2}$
2	$2\hbar$	$4a_0$	$4\pi a_0$	$\dfrac{\hbar}{2a_0}$	$\dfrac{\hbar^2}{8ma_0^2}$
3	$3\hbar$	$9a_0$	$6\pi a_0$	$\dfrac{\hbar}{3a_0}$	$\dfrac{\hbar^2}{18ma_0^2}$
...	...	...	...	...	...

참고로 실제 물리 상수 값을 넣어 에너지를 계산해보면, 다음을 얻을 수 있다.

$$E_1 = \frac{\hbar^2}{2ma_0^2} \sim 13.6\text{eV}$$

$$E_2 = \frac{\hbar^2}{8ma_0^2} \sim 3.4\text{eV}$$

$$E_3 = \frac{\hbar^2}{18ma_0^2} \sim 1.5\text{eV}$$

$$\cdots$$

이 에너지 값을 전자의 운동에너지라고 생각할 수 있다. 하지만 다른 해석도 가능하다. 원자핵에서 전자가 무한대로 멀리 떨어져 있는 경우를 생각해보자. 이때 전자가 갖는 위치에너지를 0이라고 정의할 수 있다.

전자는 무한대에서부터 서서히 원자핵의 전기장을 따라 떨어지면, 운동에너지를 얻고 대신 위치에너지가 마이너스로 떨어진다고 볼 수도 있다. 총 합은 어차피 0이다.

예를 들어 n=1인 궤도의 위치에너지는 -13.6 eV라고 할 수 있다. 즉 이런 수소 원자에 13.6 eV 를 가해야 전자가 떨어져 나와 수소 원자가 이온화된다는 얘기가 된다. 이렇게 수소 원자의 에너지 준위를 그려보면 다음 그림과 같다.

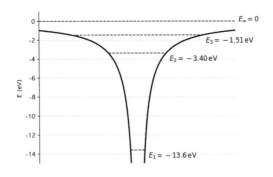

양자 도약

여기서 아주 재미난 생각을 해볼 수 있다. 예를 들어 n_2 궤도와 n_1 궤도의 위치에너지 차를 구해보면, 다음 식을 얻을 수 있다.

$$E_2 - E_1 = \frac{\hbar^2}{2ma_0^2}\left(\frac{1}{n_2^2} - \frac{1}{n_1^2}\right)$$

신기하게도, 이 식은 우리가 첫 장에서 보았던 리드베리의 공식과 매우 흡사하다.

$$\frac{1}{\lambda} = R_H\left(\frac{1}{n_1^2} - \frac{1}{n_2^2}\right) (R_H = 1.097 \times 10^7 m^{-1},\ n_1 = 2,\ n_2 = 3,\ 4,\ 5,\ \cdots)$$

에너지가 $E = h\nu = hc/\lambda$의 관계를 가졌으므로, 위의 에너지 차이를 나타내는 식을 hc로 나누어보면, 다음 식이 나온다.

$$(E_2 - E_1)/hc = \frac{h}{8\pi^2 mca_0^2}\left(\frac{1}{n_2^2} - \frac{1}{n_1^2}\right)$$

실제로 상수항을 계산하면 $1.097 \times 10^7/m$로 리드베리 상수가 나옴을 알 수 있다.

이는 실로 놀라운 일이다. 수소 원자 속 전자의 각운동량이 양자화되어야 한다는 가정 하나로, 그동안 수수께끼 같이 취급받던 원자 스펙트럼의 리드베리 상수를 이론적으로 유도해낸 것이기 때문이다. 아인슈타인의 말마따나, 이건 그

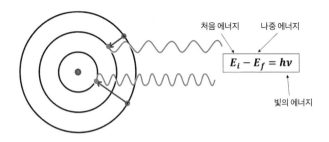

처음 에너지　　나중 에너지

$$E_i - E_f = h\nu$$

빛의 에너지

냥 우연의 일치라 여길 수는 없고, 보어의 원자 모형에 무언가 진실이 들어 있다는 얘기다.

보어는 전자가 한 궤도에서 다른 궤도를 이동할 수 있다고 가정했다. 보어의 가정에 따르면, 전자가 높은 궤도에서 낮은 위치에너지를 갖는 궤도로 이동할 때는 빛을 낸다. 반대로 낮은 궤도에 있는 전자가 외부로부터 에너지를 흡수할 때, 높은 에너지 궤도로 천이 할 수 있다고 보았다. 보어는 이런 과정을 양자도약Quantum jump이라고 불렀다.

보어의 원자모델에 따르면, n이 3층, 4층, 5층, … 등에서, n=2 층으로 떨어질 때가 발머의 공식과 일치한다. 3층에서 2층을 내려올 때 나오는 파장이 656nm, 4층에서 2층으로 내려올 때 나오는 파장이 486nm, 5층에서 2층으로 내려올 때가 434nm로 실험값을 완벽하게 재현함을 알 수 있다.

1913년 보어가 원자모형을 발표하자 반응이 매우 뜨거웠

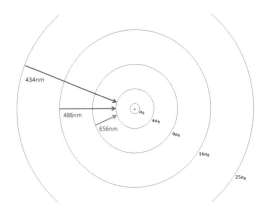

다. 전자는 고전역학과 전자기학의 예견과는 달리 원궤도를 돌아도 복사를 내지 않고, 게다가 한 궤도에서 다른 궤도로 순식간에 이동을 하는 퀀텀 점프를 하는 존재란 주장이었으니 말이다. 이는 전자기학도 상대성이론도 무시한 이론이었다.

엑스선 회절 실험으로 유명한 폰 라우에는 묻지도 따지지도 않고 그냥 강압적으로 "전자가 복사를 내지 않는다"라는 것 자체가 엉터리라고 생각했다. 슈테른-게를라흐 실험으로 훗날 이름을 드높일 오토 슈테른도 보어의 이론에 반기를 들었다. 슈테른은 보어의 원자모형은 물리학 이론이 아니고 독재자의 이론이라 폄하했다. 취리히에서 일했던 라우에와 슈테른은 심지어 보어의 이론이 맞다면, 물리학을 그만둔다고 서로 맹세까지 했다고 한다.

에렌페스트 역시 처음에는 보어의 이론에 대해 매우 부정적이었다. 에렌페스트도 보어의 원자 모형이 맞다면 물리학을 그만두겠다고 말하며 보어의 이론을 평가절하했다. 하지만, 세월이 지나자 차츰 사람들은 혁명적인 보어의 아이디어를 받아들이기 시작했다. 에렌페스트 또한 보어 이론의 지지자로 돌아섰다.

한 걸음 더   원자를 보다

'원자'라는 이름의 어원은 '더 이상 쪼갤 수 없다'라는 뜻을 가지고 있다. 그러나 원자핵이 발견되고 보어의 원자 모델이 원자 스펙트럼을 잘 설명하자, 원자는 스위스 시계처럼 복잡하고 정교한 구조를 갖는 정밀 기계처럼 여겨졌다.

하지만 원자의 크기가 너무 작아 원자 속을 들여다보는 것은 불가능한 일이 었다. 필자가 초등학교(당시는 국민학교)를 다닐 때 과학 선생님으로부터 들었던 이야기는 아직도 기억 속에 남아 있다.

"원자는 너무나 작아서 현대 과학이 아무리 발전하더라도 인간은 영원히 원자를 볼 수 없을 것이다."

물론 당시는 작은 세상을 들여다볼 수 있는 장치가 고작 광학현미경이나 전자현미경이었던 시절이다.

그런데 필자가 대학에 입학해 물리학 공부를 시작할 무렵에는 상황이 완전히 달라지기 시작했다. AFM_{Atomic Force Microscopy}이나 STM_{Scanning Tunneling Microscope}과 같은 기술이 속속 개발되면서, 드디어 원자의 겉모습 정도는 볼 수 있게 된 것이다. 그러나 여전히 이런 기술로 원자의 내부까지 들여다보는 일은 원리적으로 불가능했기 때문에, 원자의 구조를 직접 관찰하는 것은 요원한 일이었다.

STM으로 본 물질의 표면 모습. 원자가 빽빽히 차 있는 모습을 볼 수 있다.

그러다 2013년에 세상이 깜짝 놀랄 만한 뉴스가 전파를 탔다. 실제 수소 원자의 내부 구조를 촬영했다는 논문이 발표된 것이다. '확대된 수소 원자Hydrogen Atoms under Magnification'라는 제목의 논문이었다. 당시 이 논문이 실린 《피지컬 리뷰 레터스Physical Review Letters》에 나온 사진 속, 수소 원자의 모습을 보자. 어떤가? 분명 보어가 말하던 깨끗한 원궤도는 아니지만 마치 태양계 속 소행성대와 같이 궤도가 있는 것처

확대한 수소 원자의 모습

럼 보인다. 이제 우리는 원자의 내부 구조도 촬영할 수 있는 시대에 살고 있는 것이다.[19]

공간 양자화라니?

1913년 발표된 보어의 원자 모형이 수소 원자의 복사 스펙트럼을 제대로 설명하면서 보어는 순식간에 유명해지기 시작했다. 그런데 겉으로는 보어의 원자 모형이 큰 성공을 거둔 것 같이 보였지만, 사실 보어는 만족하지 못했다.

왜냐하면 수소 원자 스펙트럼 선을 자세히 보면 볼수록 설명할 수 없는 이상한 것이 들어 있었기 때문이었다. 그건 바로 스펙트럼 선을 확대해서 보면, 선이 하나가 아니고 2개로 나뉘어 있다는 사실이었다.

원자 스펙트럼 선이 갈라져 나온다는 것이 이미 오래전에 알려진 사실이었다. 마이켈슨-몰리 실험으로 유명한 마이켈슨과 몰리는 자신들이 만든 간섭계를 사용해 수소 원자 H_α 선(6562.8Å)을 관찰하다가, 이 선이 하나의 선이 아니라 2개의 선으로 갈라져 있음을 알게 되었다.

원자 스펙트럼 선이 2개로 미세하게 갈라져 나타나는 현상은 비단 수소 원자뿐 아니라 다른 원자에서도 관찰되었다. 보어도 이 사실을 잘 알고 있었다. 보어의 모델로는 설명할 수 없는 원자의 미세구조Fine structure가 있음이 분명했다.

보어는 전자가 원궤도를 벗어나 타원궤도를 돌거나, 상대론적 효과가 첨가되면서 이런 미세구조가 설명할 수 있지 않을까 생각했다. 하지만 구체적으로 이 문제를 포함한 새로운 보어 모델을 만들지는 않았다. 실제로 이 문제를 들여다보고 보어의 원자 모형에 타원궤도를 도입한 사람은 조머펠트Arnold Johannes Wilhelm Sommerfeld, 1868~1951였다.[20]

보어의 모델인 경우, 궤도를 층을 나타내는 주양자수를 n=1, n=2, n=3, …, 이렇게 정했다. 각 궤도는 반지름이 주양자수의 제곱에 비례하는 원형으로 주어지는 반면, 조머펠트의 모형에선 주양자수 n은 장축의 반지름에 대응하고, 부양자수 k를 새로 두어 단축의 반지름에 대응시킴으로써 타원궤도를 도입했다.

예를 들어, n=3일 때를 생각해보면, 보어의 모형에선 원형궤도 1개만 존재하지만, 조머펠트 모형에서는 k값이 1, 2, 3에 해당하는 3개의 궤도가 가능해진다. 마치 혜성이 태양에 가까이 가면 빠르게 운동하고, 멀리 떨어져 있을 땐 늦게 움직이듯이, 같은 n=3인 상태에서도 궤도에 따라 서로 다른 에너지 준위를 갖게 된다.

조머펠트는 더 나아가 전자들의 궤도들이 모두 같은 평면 상에 있을 필요가 없을 것이라고 생각했다. 태양계를 보면 행성들의 궤도는 모두 황도면에서 크게 벗어나지 않는다. 아무리 태양계를 닮은 원자 모델이더라도, 서로 다른 전자 궤도가 모두 같은 평면에 있어야 할 이유는 없어 보였다.

그래서 조머펠트는 궤도의 축이 가지는 방향에도 또 하나의 양자수를 도입했다. 이는 앙페르 법칙에 따라 전자 궤도가 만드는 자기장의 방향과 일치하므로 이 양자수를 '자기 양자수'라고 부르고 'm'이라고 썼다.

궤도 각운동량이 양자화되어 있으므로, 해당하는 자기장의 크기도 양자화되어 있을 것이다. 이에 따르면 주양자수가 n일 때, 자기 양자수 m은 -n부터 시작해 +n까지의 정수를 가질 수 있다고 보았다.

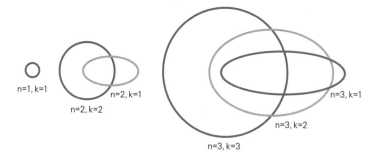

n=1, k=1

n=2, k=1
n=2, k=2

n=3, k=1
n=3, k=2
n=3, k=3

예를 들어 주양자수 n=2이고, 부양자수 k=2인 원형궤도를 생각해보자. 조머펠트에 따르면 이때 자기양자수는 m=-2, -1, 0, 1, 2 으로 총 5개의 값을 가질 수 있고, 각각의 경우 각운동량은 $-2\hbar$, $-1\hbar$, 0, $\hbar$, $2\hbar$로 양자화된 값을 갖는다.

사실 이는 각운동량의 양자화이지만, 원자의 각운동량 방향이란 관점으로 보면 '공간의 양자화'처럼 보인다. 즉 팽이가 돌 때 중심이 되는 회전 축이 똑바로 서 있거나, 아니면 어떤 특정한 양자화 된 각을 가지고 세차 운동을 하는 것에 비유할 수 있다.

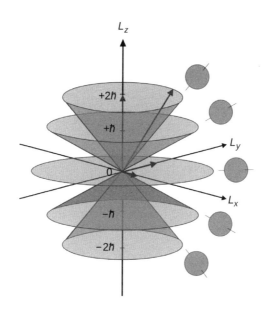

일상에서 보면 팽이의 회전축은 처음에는 똑바로 수직을 향하다가, 시간이 지나면 점점 회전축이 기울어지면서 세차 운동을 한다. 양자 팽이는 그 회전축의 각도도 양자화되어 있다는 얘기가 된다.

'공간의 양자화'라니? 상상만으로도 신기한 이런 일들이 미시 세계에서 실제로 일어나는지를 실험으로 확인하는 데는 그로부터 5년의 세월이 더 걸렸다.

4부
파동과 역학의 만남

파동함수는 입자가 시공간에서 어떤 모습으로 존재하고 있는지를 수학적으로 표현하기 위해 도입된 개념이다. 파동함수를 이해하는 것은 양자역학을 공부하기 위한 첫 관문이다. 문제는 파동함수가 물리적으로 직접 관측 가능한 값으로 나타나지 않는다는 점이다. 보이지 않는 파동함수로 기술되는 입자는 고전적인 입자와 달리 마치 파동처럼 중첩되고 간섭을 일으킨다. 파동함수가 어떤 물리적 실체로 세상에 나타나는지 알아보자.

에르빈 슈뢰딩거(Erwin Schrödinger, 1887~1961)

파동이란 무엇인가?

파동에 관해 얘기하기 위해, 파동wave의 수학적 정의에 대해 공부를 해보자. 우선 파동이 무엇인지부터 생각해봐야겠다. 파동은 시간적, 공간적으로 어떤 위상phase이 반복되는 현상을 말한다.

위상이라는 말이 어렵게 느껴질 수 있으나, 어떤 사물이 지닌 순간적인 모습이라 생각하면 된다. 예를 들면, 달은 초승달, 반달, 보름달, 하현달 등과 같이 시시각각 변화하는 모습으로 우리에게 나타나고, 이를 '달의 위상'이라고 부른다.

스프링에 물체를 매달아놓고 잡아당겼다 놓으면, 물체가 위아래로 진동하는데, 이때 물체의 위치를 위상이라 불러도 좋다. 이 경우 물체는 시간에 따라 위상이 바뀌지만, 공간적으로 퍼져나가지는 않는다. 이런 진자의 운동을 우리는 진동oscillation이라고 하지, 파동이라고 부르지는 않는다.

잔잔한 호수에 돌을 던져 넣으면, 동심원 모양의 수면파가 생긴다. 이때 어떤 특정 위치만 계속 쳐다보고 있으면, 그 수면의 높이가 '올라왔다 내려갔다' 진동하는 것을 볼 수 있을 것이다.

만약 이 수면파를 어떤 특정 시간에 사진을 찍어본다면, 이번에는 사인함수와 같이 생긴 물결의 모습이 나타날 것이다. 이는 공간에 따라 위상이 반복되는 것이다. 이처럼 시간적으로도 위상이 반복되고, 공간적으로도 위상이 반복되는 현상을 우리는 파동이라고 부른다.

그럼 이렇게 시간적으로 공간적으로 위상이 반복되는 파동을 수학 함수로는 어떻게 표현할 수 있을까? 제일 먼저 떠오르는 것은 삼각함수다. 소위 사인sine과 코사인cosine 함수를 예로 들 수 있다. 먼저 코사인 함수를 사용해 진자의 진동을 수학적으로 기술해보자.

$$\psi(t) = A \cdot \cos(t)$$

여기서 $\psi(t)$는 '프사이 티'라고 읽는다. 이는 시간이 t초일 때의 진자의 위치를 나타낸다, A는 진자의 최대 높이로 진폭(Amplitude)이라고 부른다. 그럼 0초일 때의 $\psi(0)$의 값은 얼마일까? $\psi(0) = A\cos(0) = A$이다.

만약 진자의 높이를 미터(m) 단위로 측정하는 것이라면 ψ 는 미터(m)를 의미한다. 진자가 아니고 사이렌 소리를 예를 든다면, $\psi(t)$는 커지다 작아지다를 반복하는 사이렌 소리의 크기를 나타낸다. 이때 $\psi(0)$는 A데시벨(db)이라 해석하면 된다.

다음으로 이런 진동함수의 주기(period)가 무엇인지 알아보자. 코사인함수 값은 인자가 $\frac{\pi}{2}$일 때 0이고, π일 때 -1, $\frac{3\pi}{2}$일 때 다시 0이고, 2π일 때 다시 1로 복귀한다. 그러니, $\cos(t)$함수는 $2\pi \sim 6.28$초(s)가 되어야 위상이 원위치로 돌아온다. 따라서 주기(T)는 $2\pi \sim 6.28$초(s)다.

그럼 매 1초마다 같은 위상이 반복되는, 즉 주기가 1초인 코사인함수는 어떻게 써야 할까? 답은 다음과 같다.

$$\psi(t) = A \cdot \cos(2\pi t)$$

인자 t에 0초, 1초, 2초, … 를 넣어보면, ψ의 진폭은 모두 A로 같은 위상을 갖게 된다. 여기서 2π를 우리는 각진동수 angular frequency라고 부른다. 각진동수란 '단위시간(초)마다 몇 라디안radian을 회전하는가'로 해석할 수 있다.

이 각진동수는 수학 기호로 ω(오메가)로 표시한다. 이 예의 경우 $\omega = 2\pi$다. 단위까지 붙여 쓰면 $\omega = 2\pi$Hz(Hertz, 헤르츠)

다. Hz는 진동수의 단위로 1헤르츠는 1초에 한 번 진동함을 의미한다. 이제까지 이야기한 것을 정리하면, 진폭이 A이고, 각진동수가 ω인 진동함수는 다음과 같이 표현할 수 있다.

$$\psi(t) = A \cdot \cos(\omega t)$$

예를 들어 각진동수가 $\omega = 5\pi$ Hz 인 사인 함수를 그려보자. 아래 그림에서, 수평 축은 시간을 나타내고 수직 축은 진폭을 나타낸다.

이번에는 시간을 정지시켜놓고, 눈에 보이는 물결무늬를 삼각함수로 표현해보자. 이 경우 물결무늬는 시간의 함수가 아니라 위치의 함수가 된다. 수식으로는 다음과 같이 쓸 수 있다.

$$\psi(x) = A \cdot \cos(x)$$

해석하자면, x가 원점인 0m에 있을 때, 진폭은 A이고,

2πm마다 같은 위상을 갖는 물결무늬로 해석할 수 있다. 그럼 각진동수에서 본 바와 비슷하게, 1m에 한 파장이 들어간 파는 다음과 같이 쓸 수 있을 것이다.

$$\psi(x) = A \cdot \cos(2\pi x)$$

여기서 2π를 파수(wave number)라고 부르고, 수학 기호로는 k로 표시한다. 따라서 진폭이 A이고, 파수가 k인 파의 모습은 수학적으로 다음과 같이 쓸 수 있다.

$$\psi(x) = A \cdot \cos(kx)$$

예를 들어, 파수가 5π/m인, 즉 1m에 5개의 파가 들어간 함수는 다음과 같이 그릴 수 있다.

자, 이제 우리는 파동을 수학적으로 표현할 수 있는 방법을 다 배웠다. 파동은 시간적으로 공간적으로 같은 위상이 반복되는 것이다. 그러므로 이를 수학적으로 표현하면, 앞

에서 기술한 진동과 물결파의 모습을 한꺼번에 표현한다. 즉 다음과 같이 된다.

$$\psi(x,\ t)=A\cdot\cos(kx\pm\omega t)$$

여기서 부호 ±는 큰 의미가 없지만, 시간의 진행에 따라 위상을 더할지, 아니면 뺄지의 차이다. 그림으로 그려보면 오른쪽으로 진행하는 파인지, 왼쪽으로 진행하는 파인지를 나타낸다. 중요한 건 이렇게 기술되는 파동은 정지해 있지 않고 퍼져나간다는 사실이다.

사인을 쓸 것인가, 코사인을 쓸 것인가?

입자를 파동으로 설명한다는 것은 결국 입자를 사인함수나 코사인함수와 같은 형태로 기술한다는 것이다. 그럼 파동함수를 사인함수로 표현하는 것이 좋을까? 아니면 코사인함수로 쓰는 것이 좋을까?

답은 간단하다. 아무거나 써도 마찬가지다. 사인과 코사인이 다른 것은 오로지 $\frac{\pi}{2}$만큼 먼저 시작하는가, 나중에 시작하는가의 차이일 뿐이다.

수학에서 가장 아름다운 공식으로 꼽힌다는 '오일러의 공

식'이란 것을 들어본 적이 있는가? 복소수를 도입하면 사인
과 코사인이 합쳐져 다음의 지수 함수로 표시될 수 있다는
공식이다.

$$e^{i\theta} = \cos\theta + i\sin\theta$$

오일러 공식을 쓰면 사인이나 코사인 함수로 기술했던 파
동함수를 합쳐서 다음과 같이 쓸 수 있다.

$$\psi(x,\,t) = A\sin(kx - \omega t)$$
$$\psi(x,\,t) = A\cos(kx - \omega t)$$
$$\psi(x,\,t) = Ae^{i(kx - \omega t)}$$

다음 그림을 보자. 수평축 또는 x축을 실수로 놓고, 수직
축 또는 y축을 허수에 대응해 만든 좌표계를 '복소평면'이라
고 부른다. 그럼 파동함수 $\psi(x,\,t) = Ae^{i(kx - \omega t)}$가 의미하는
것은 무엇일까?

다음 그림과 같이 복소평면 위의 점은 $\psi = Ae^{i\theta}$이라 쓸
수 있다. 여기서 A는 진폭에 해당하고, θ는 위상이다. θ가
0에서부터 증가해 반시계 방향을 뱅글뱅글 돈다고 가정하
자. 이때 빛을 비추어 x축(실수축)으로 또는 y축(허수축)으로

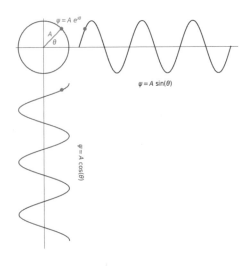

$\psi = A\,e^{i\theta}$

$\psi = A\sin(\theta)$

$\psi = A\cos(\theta)$

사영을 얻는다고 가정하면, 우리는 각기 코사인함수와 사인
함수를 얻을 수 있다.

여기서 $\theta = kx - \omega t$에 대응시키면, 시간과 공간에 따
라 바뀌는 파동의 모습을 생각할 수 있다. 결론적으로
$\psi(x,\ t) = Ae^{i(kx-\omega t)}$로 기술되는 복소공간에서의 회전이 곧
시공간에서의 파동이라 여기면 된다.

파동으로 이루어진 입자

　'맥놀이 현상'이라는 것을 들어본 적이 있는가? 비슷한 진동수를 가진 2개의 소리굽쇠를 두들기면, "우웅~ 우웅~ 우웅~"하며 소리가 커졌다 작아졌다를 반복하는 현상을 말한다. 기타 줄을 조율해본 사람은 바로 이해할 것이다.

　예를 들어 6번 줄의 다섯 번째 플랫을 누르고, 5번 줄을 같이 칠 때 "두웅~ 우웅~ 우웅~"하며 소리가 커졌다 작아졌다를 반복하면 두 줄이 조율이 안 된 것이다. "둥~~~"하고 일정한 소리가 나면 두 줄이 잘 조율된 것이다.

　다음 그림을 보자. 파동 1과 파동2는 주파수가 약간 다른 두 파동이다. 이 두 파를 합친 파동은 그 아래 그려져 있는 중첩파다. 이렇게 비슷한 주파수의 두 파가 합쳐지면 중첩파처럼 진폭이 2배가 되는 부분도 생기고, 진폭이 작은 부분도 생긴다. 바로 "우웅~ 우웅~"하는 맥놀이가 생기는 것이다.

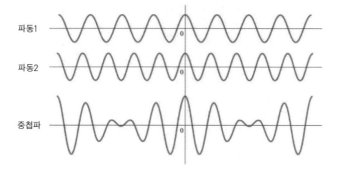

파동1

파동2

중첩파

자, 이제 맥놀이를 이해했으니, 이를 이용해서 파속wave packet을 만드는 방법을 알아보자. 파속이란 파동이 뭉쳐 덩어리 형태로 존재하는 것을 말한다. 예를 들면 오른쪽 위의 그림과 같다. 왼쪽은 여러 파동을 그린 것이고, 이들을 다 합치면 오른쪽의 파속이 만들어진다. 물론 아무런 파를 다 합치기만 하면 다 오른쪽과 같은 파속이 생기는 것은 아니다.

그럼 오른쪽과 같이 생긴 파속을 만들기 위해서는 어떤 파동들을 합쳐야 할까? 이는 푸리에Fourier 전개라는 수학적 방법을 사용하면 된다.

푸리에 정리에 따르면, 어떤 주기 함수도 사인 함수와 코사인 함수의 무한 급수로 표현할 수 있다. 그렇기 때문에, 오른쪽과 같은 파속도 여러 사인 함수와 코사인 함수의 합으로 전개할 수 있다.

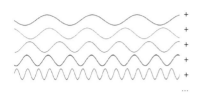 =

파속의 해석

파동은 시간적, 공간적으로 끊임없이 흔들리며 퍼져나가는 것을 말한다. 따라서 그림으로 표현하면 다음과 같다.

파동적 성질

이와는 대조적으로 입자는 특정한 시간에 특정한 공간에만 존재하고, 다른 곳에는 아무것도 없는 분포를 갖는다. 만약 파동이 아래 그림과 같이 특정 지역에만 분포한다면, 이런 파동은 입자적으로 해석될 수 있을 것이다.

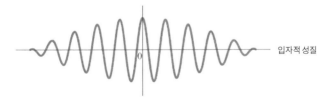
입자적 성질

  그럼 입자를 위의 그림과 같이 여러 기본 파동이 합쳐져 만들어진 파속이라고 해석하면 어떨까? 이 파속을 입자를 기술하는 '파동함수'라고 부르면, 이 파동함수가 만족할 운동 방정식은 어떤 것일까? 자, 이제 우리는 이제 슈뢰딩거의 방정식을 맞이할 때가 됐다.

슈뢰딩거 방정식

고전역학에서는 입자의 운동을 시간의 함수로 표현한다. 예를 들면, 어떤 입자가 시간이 t일 때 x란 위치에 있으면, 이를 $x=f(t)$라 표현한다. f가 바로 입자의 위치를 나타내 주는 함수다.

그런데 입자를 파동함수로 표현한다는 것은, 파속과 같이 생긴 입자의 존재 양식을 시간과 공간의 함수로 쓴다는 것이다. 그러니 $f(t)$가 아닌 $\psi(x, t)$로 표현하는 것이 더 보편적이다. 여기서 ψ는 파동함수이고, x와 t는 각기 공간과 시간의 좌표를 나타낸다.

그럼 파동함수 $\psi(x, t)$는 어떤 운동 방정식을 따를까? 뉴

턴의 운동 방정식 $F=ma$에 $\psi(x,t)$를 집어넣는 방법은 없을까? 바로 이런 고민을 한 사람이 오스트리아의 물리학자 에르빈 슈뢰딩거다.

슈뢰딩거는 비교적 늦게 양자론에 관심을 둔 편에 속한다. 그가 보어-조머펠트 원자 모델에 대한 논문을 쓴 것이 1921년이니, 그의 나이 34세였다.[21] 그리고 슈뢰딩거 방정식을 만들어 발표한 때가 1926년이었으니, 거의 40세가 되어서 이룬 업적이다.[*]

파동함수의 에너지와 운동량을 구하는 법

그럼 여기서 슈뢰딩거의 파동역학이 어떻게 만들어졌는지를 이해하기 위해, 잠시 그의 생각을 따라가보자. 수식을 보고 싶지 않은 독자는 이 부분을 건너뛰고 다음으로 넘어가도 좋다.

양자역학에서 가장 간단한 파동함수인 평면파 함수를 우선적으로 떠올려보자. 평면파는 사인이나 코사인함수로

---

[*] 양자역학을 만든 주요 인물을 굳이 구세대와 신세대로 나눈다면, 아인슈타인과 보어 그리고 슈뢰딩거는 19세기에 태어난 구세대 물리학자들이다. 그리고 파울리와 하이젠베르크, 디랙은 20세기에 태어난 신세대 젊은 물리학자들이라고 할 수 있다.

$\psi(x,\ t) = A\sin(kx - \omega t)$나 $\psi(x,\ t) = A\cos(kx - \omega t)$로 쓸 수 있다. 여기서는 추상적이기는 하지만 더 다루기 쉽고 일반적인 표현 방법인, 지수함수로 표현한 평면파를 쓰기로 하자. 그러면 앞에서 보았듯이 평면파는 다음 식으로 표현된다.

$$\psi(x,\ t) = Ae^{i(kx - \omega t)}$$

이제 이 평면파 함수가 시간에 따라 공간에 따라 어떻게 변화하는지를 알아보자. 이런 변화율을 알아보는 수학적 과정이 미분이다. 참고로 지수함수의 미분 공식은 다음과 같다.

$$\frac{d}{dx}(e^{ax}) = ae^{ax}$$

즉 지수함수의 미분은 그대로 지수함수다. 다만 지수에 포함된 상수가 있으면, 그 상수 값 만큼 미분 값은 커진다. 이를 염두에 두고, 어떤 특정한 위치 x에서 파동함수 $\psi(x, t) = Ae^{i(kx - \omega t)}$의 시간변화율을 구해보자. 즉 x를 상수라고 놓고, 시간에 대해 미분해보자는 것이다.[*] 그러면 다음

---

[*] 수학에서는 이를 '편미분'이라 하고 특별히 d/dx대신, $\partial/\partial x$로 쓴다.

과 같이 된다.

$$\frac{\partial}{\partial t}\psi(x,\ t)=\frac{\partial}{\partial t}[Ae^{i(\mathrm{kx}-\omega t)}]=A(-\mathrm{i}\omega)e^{i(\mathrm{kx}-\omega t)}=-\mathrm{i}\omega\psi(x,\ t)$$

이 식 양변에 i를 곱하면, 다음 결론에 도달한다.

$$i\frac{\partial}{\partial t}\psi(x,\ t)=\omega\ \psi(x,\ t)$$

이 식은 무엇을 의미하는가? 허수 i에 대한 생각은 잠시 접어두고 생각해보면, 파동함수의 시간 변화율이 각진동수에 비례한다는 얘기다. 즉 시간으로 미분 연산을 취하면, 각진동수가 값으로 튀어나온다는 것이다. 다른 말로 시간에 대한 편미분은 각진동수를 뽑아내는 연산자라는 얘기다.

한편, 아인슈타인의 광양자설에 따르면 빛의 에너지는 플랑크 상수 곱하기 진동수 ($E=h\nu=h\frac{\omega}{2\pi}=\hbar\omega$)다. 그러므로 위의 식 양변에 $\hbar$상수를 곱하면 다음 식을 얻을 수 있다.

$$i\hbar\frac{\partial}{\partial t}\psi(x,\ t)=\hbar\omega\ \psi(x,\ t)=E\psi(x,\ t)$$

그러면 $i\hbar\frac{\partial}{\partial t}$이란 미분 연산은 파동함수에서 에너지 값을 끌고 나오는 역할을 한다는 것을 알 수 있다.

$$i\,\hbar\,\frac{\partial}{\partial\,t} \to E$$

이번엔 시간이 정지되어 있다고 가정하고 파동함수 $\psi(x,t)$의 공간에 대한 변화율을 따져보자. 즉 시간 t를 상수로 놓고, 파동함수 $\psi(x,t)$를 x에 대해 편미분해보자. 그러면 다음과 같이 된다.

$$\frac{\partial}{\partial\,x}\psi(x,\,t) = \frac{d}{dx}[\mathrm{A}e^{i(kx-\omega t)}] = A(ik)e^{i(kx-\omega t)} = ik\psi(x,\,t)$$

정리하면, 이 식은 공간에 대한 미분 연산이 곧 파수(wave number) k를 얻는 방법이란 것을 말해준다.

$$-i\frac{\partial}{\partial\,x}\psi(x,\,t) = k\,\psi(x,\,t)$$

이번에는 운동량이 파수에 비례한다는 (또는 파장에 역비례한다는) 드브로이의 물질파 공식 $p = \hbar\,k$를 염두에 두고, 윗식 양변에 $\hbar$ 상수를 곱해보자. 그러면 다음 식을 얻을 수 있다.

$$-i\,\hbar\,\frac{\partial}{\partial x}\psi(x,\,t) = \hbar\,k\,\psi(x,\,t) = p\psi(x,\,t)$$

이는 곧 $-i\hbar\dfrac{\partial}{\partial x}$이라는 미분 연산이 파동함수에서 운동량을 끌고 나오는 역할을 한다는 것을 시사한다.

$$-i\hbar\frac{\partial}{\partial x} \to p$$

자, 이제 수학적 준비는 다 되었다.

연산자의 의미

시간에 대한 미분 연산, 공간에 대한 미분연산이 각각 파동함수로부터 에너지와 운동량 값을 끌고 나온다고 했다. 그런데 이를 어떻게 이해하면 좋을까? 수학적으로 그렇다고 암기할 것이 아니라, 시각적으로 이해해볼 수는 없을까? 그러기 위해, 먼저 진동하는 물결파를 상상해보자.

이 물결파는 시간에 따라 마루와 골이 서로 위치를 바꾸며, 위아래로 진동한다. 진동수가 높다는 것은 파동의 위상이 빠르게 바뀐다는 것이다. 그러니 이 파동함수의 시간변화율은 곧 진동수를 의미한다.

진동수가 높으면 파동함수의 시간변화율이 크고, 진동수가 낮으면 시간변화율이 작을 것이다. 그리고 플랑크의 양자화 가설과 아인슈타인의 광양자설에 따르면, 에너지는 곧 진동수에 비례한다. 이 둘을 합쳐서 생각하면, 파동함수의 시간 변화율이 곧 에너지를 나타낸다는 것을 이해할 수 있을 것이다.

비슷하게 이번에는 파동함수의 공간에 대한 미분 연산이 왜 운동량 값을 주는지 생각해보자. 공간 또는 좌표에 대한 미분은 곧 물결파 모양의 기울기를 뜻한다. 즉 미분 값이 크게 나온다는 것은 물결파가 급한 경사로 오르내린다는 것이다.

반대로 미분 값이 작다는 것은 물결파의 경사가 완만하다는 것이다. 이는 당연히 파동의 파수를 의미한다. 파수란 1미터(m)에 몇 개의 파장이 들어가 있는지를 말한다. 따라서 공간에 대한 미분은 파수를 끌어내는 역할을 한다.

한편 드브로이의 물질파 이론에 따르면, 운동량은 곧 파수에 비례한다. 그러니 이 둘을 합쳐 생각하면, 파동함수의 공간변화 변화율이 곧 운동량을 나타낸다는 것을 이해할 수 있을 것이다.

파동을 위한 역학 방정식

뉴턴 역학에서 어떤 역학적 시스템에 있어 총에너지는 운동에너지와 위치에너지의 합으로 주어진다. 물리학을 배울 때 가장 먼저 나오는 낙하 운동을 보면, 물체는 처음에 위치에너지만 가지고 있다. 그러나 땅으로 떨어지면서 위치에너지는 줄어 들고 운동에너지가 그만큼 늘어나, 총에너지는 항상 유지된다.

대포에서 탄환이 발사될 때는 반대로 처음에 운동에너지를 가지고 발사된 탄환이 하늘로 치솟으면서 운동에너지는 점점 줄어들고, 대신 위치에너지가 늘어난다. 그리고 최고점에 도달하면 수직 방향으로는 더 이상 움직이지 않고, 위치에너지가 최고점에 달한다. 이후 다시 땅으로 떨어질 땐 다시 가속 운동을 하며 목표물을 맞추게 된다.

이 과정에서 총에너지는 역시 변동이 없다. 물리학 교과서에서는 통상 총에너지를 기호로 E라 쓰고, 운동에너지는 T, 위치에너지는 V로 표시한다. 그러므로 역학에서의 에너지 보존칙은 다음과 같이 쓸 수 있다.

$$E = T + V$$
에너지 = 운동에너지 + 위치에너지

다음으로 생각해볼 것은 운동에너지다. 운동에너지는 간단히 말해 질량(m)에 비례하고, 속력(v)의 제곱에 비례한다. 흔히 $\frac{1}{2}mv^2$이라고 암기하고 있는 그 식이 운동에너지 맞다.

즉 $T=\frac{1}{2}mv^2$이다. 그런데 우리가 관심을 가지고 있는 물리량은 질량이나 속도 그 자체보다는 그 둘을 곱한 양인 운동량($p=mv$)이다. 그러므로 운동량을 가지고 운동에너지를 쓰면, $T=\frac{p^2}{2m}$이 된다.

두 번째 항인 위치에너지 V는 어떤 공식에 의해 주어지는 것은 아니다. 이는 운동을 일으키는 힘에 대한 것이다. 예를 들어 스프링에 매달린 구슬을 생각하면 스프링의 평형점에서 멀어진 정도가 위치에너지가 된다.

지구 중력장내에서는 땅바닥에서 얼마나 높이 올라와 있는지가 위치에너지가 된다. 원자 속에 있는 전자라면, 양의 전기를 띈 양성자와 전자 사이의 거리가 위치에너지를 결정한다. 그러니 위치에너지 V는 기술하려고 하는 양자 시스템에 따라 그때그때 알맞게 설정해주어야 한다.

자, 이제 거의 다 왔다. 어떤 양자 시스템을 파동함수로 기술한다고 하면, 그 시스템의 에너지는 시간에 대한 미분연산으로, 그 시스템의 운동량은 공간에 대한 미분 연사자로 얻을 수 있다. 그러니 이대로 에너지 보존 법칙에 넣으면 된다. 다만 위치에너지는 어떤 연산자가 될 지 모르니 그대로 V란 연산자가 있다고 가정하자.

$$E = \frac{p^2}{2m} + V \Longrightarrow E\psi(x, t) = \frac{p^2}{2m}\psi(x, t) + V\psi(x, t)$$

이제 에너지와 운동량을 각기 연산자, $E = i\hbar\frac{\partial}{\partial t}$ 와 $p = -i\hbar\frac{\partial}{\partial x}$ 으로 바꾸어 넣어보자. 그러면 다음과 같이 된다.

$$i\hbar\frac{\partial}{\partial t}\psi(x, t) = -\frac{\hbar^2}{2m}\frac{\partial^2}{\partial x^2}\psi(x, t) + V\psi(x, t)$$

매우 복잡하고 수준 높은 수학이 포함된 수식처럼 보이지만, 사실은 대입만 하면 얻을 수 있는 방정식이다. 더 놀라운 것은, 지금 여러분이 보고 있는 이 식이 바로 슈뢰딩거 방정식이라는 점이다. 방금 여러분이 슈뢰딩거 방정식을 유도해낸 것이다.

물리학을 전공하지 않는 사람들에게 슈뢰딩거 방정식은 암기의 대상이 될 수 있다. 유도 과정이 매우 어려울 것이란 선입견 때문이다. 하지만 물리학과를 다닌 학생이라면, 어느 누구도 슈뢰딩거 방정식 자체를 암기하지 않는다. 암기하더라도 에너지는 시간에 대한 미분, $E \rightarrow i\hbar\frac{\partial}{\partial t}$ 이고, 운동량은 공간에 대한 미분, $p \rightarrow -i\hbar\frac{\partial}{\partial x}$ 라는 연산자를 외울 뿐이다. 그리고 에너지 보존칙 $E = T + V$에 대입하여 그때그때 슈뢰딩거 방정식을 쓸 뿐이다.

이처럼 우리는 파동함수가 지켜야 할 운동 방정식, 즉 슈뢰딩거 방정식을 얻었다. 이제 슈뢰딩거 방정식으로 본 입자의 운동이, 뉴턴의 운동 방정식이 기술하는 운동 방정식과 무엇이 다른지를 설명할 차례다.

한 걸음 더 **슈뢰딩거 방정식과 파동 방정식의 차이**

슈뢰딩거 방정식과 파동 방정식을 혼동해서는 안된다. 똑같은 평면파 해를 갖지만, 두 방정식이 주는 의미는 다르다.

파동 방정식은 시간과 공간에 대한 2차 편미분 방정식으로, 다음과 같이 쓸 수 있다.

$$\frac{\partial^2}{\partial x^2}f(x,t) - \frac{1}{v^2}\frac{\partial^2}{\partial t^2}f(x,t) = 0$$

이 방정식의 해로 평면파 $f(x,t) = Ae^{i(kx-\omega t)}$ 를 넣어보면 다음과 같이 나온다.

$$(-k^2)Ae^{i(kx-\omega t)} - \frac{1}{v^2}(-\omega^2)Ae^{i(kx-\omega t)} = 0$$

그러므로 $k^2 = \frac{\omega^2}{v^2}$ 이고, 이로부터 파동의 이동 속도 $v = \pm\frac{\omega}{k}$ 를 얻을 수 있다.

슈뢰딩거 방정식은 시간에 대해서는 1차 편미분, 공간에 대해서는 2차 편미분인 방정식으로, 엄밀히 말하면 파동 방정식이 아니다. 위치에너지 $V=0$일 때의 슈뢰딩거 방정식을 써보면 다음과 같다.

$$i\hbar \frac{\partial}{\partial t}\psi(x,t) = -\frac{\hbar^2}{2m}\frac{\partial^2}{\partial x^2}\psi(x,t)$$

이 방정식의 해로 $\psi(x,t)=Ae^{i(kx-\omega t)}$를 넣어보면 다음과 같다.

$$i\hbar(-i\omega)Ae^{i(kx-\omega t)} = -\frac{\hbar^2}{2m}(ik)^2 Ae^{i(kx-\omega t)}$$

그러므로 좌우를 정리하면, $\hbar\omega = \frac{\hbar^2 k^2}{2m}$ 를 얻을 수 있다. 광양자설 $E=h\nu=\hbar\omega$과 드브로이의 물질파 공식 $p=\frac{h}{\lambda}=h\frac{k}{2\pi}=\hbar k$임을 생각해보면, $E=\frac{p^2}{2m}$으로 운동에너지를 얻는다.

5부

신비로운 파동 역학

고전역학에서 입자로 취급했던 대상을 파동함수로 표현하면
어떤 일이 일어날까? 입자에게 파동의 성격을 부여한다는 것은
입자가 어느 한곳에만 존재하지 않고 널리 퍼져 있을 수도
있음을 뜻한다. 또한 파동처럼 입자들도 중첩이 되고 회절과
간섭도 나타난다. 심지어 입자가 벽을 투과해 지나갈 수 있는
터널링 효과도 발생한다. 거시 세계에서는 일어날 수 없는
일들이 벌어지는 미시 세계의 역학법칙을 들여다보자.

막스 보른(Max Born, 1882~1970)

확률적인 존재

슈뢰딩거 방정식을 얻었으니 이제는 방정식을 풀어볼 차
례다. 먼저 방정식을 한번 들여다보자.

$$i\hbar\frac{\partial}{\partial t}\psi(x,\,t)=-\frac{\hbar^2}{2m}\frac{\partial^2}{\partial x^2}\psi(x,\,t)+V\psi(x,\,t)$$

어렵게 생각할 필요 없다. 좌측은 에너지를 뜻하는 파동
함수의 시간 변화율이다. 우측은 운동에너지를 뜻하는 파
동함수 공간 변화율의 제곱과 위치에너지의 합이란 의미만
떠올리면 된다.

그런데 이 방정식을 풀기 위해서는 우선 위치에너지 V를
정해줘야 한다. 사실, 주어진 위치에너지에 따라 그에 맞는
슈뢰딩거 방정식을 푸는 과정은 그리 쉽지 않다. 그리고 항
상 방정식이 풀려서 원하는 파동함수를 구할 수 있는 것도

아니다. 솔직하게 말하면 슈뢰딩거 방정식이 풀리는 경우가 오히려 특수한 경우다.

예를 들어 아무런 위치에너지가 없는 자유 공간, 즉, $V=0$ 인 곳을 가정한다면, 슈뢰딩거 방정식은 금방 풀린다. 답은 예상할 수 있는 것처럼 사인함수나 코사인 함수로 주어지는 평면파가 나올 것이다.

다음으로 쉽게 풀릴 만한 것은 깊은 우물 속에 갇혀 있는 입자의 문제를 풀어보는 것이다. 우물이란 그 안에서는 자유롭게 움직일 수 있지만, 그 안에 갇혀 있어 우물 바깥으로는 입자가 나올 수 없는 경우를 말한다. 이 경우 입자가 느끼게 될 위치에너지는 다음과 같이 쓸 수 있다.

$$V=0 \ \text{(우물 안)}$$
$$V=\infty \ \text{(우물 밖)}$$

입자가 우물 속에 있을 때는 $V=0$로 자유롭게 움직일 수 있으니 파동함수는 사인이나 코사인 함수 같은 평면파가 되겠다. 하지만 입자가 우물 바깥에서는 존재할 수 없으므로, 우물 바깥에서는 파동함수가 반드시 $\psi(x,t)=0$이 되어야 한다. 이런 조건을 만족하는 파동은 수없이 많이 그릴 수 있다. 하지만 우선 가장 파장이 가장 긴 것부터 순차적으로 짧

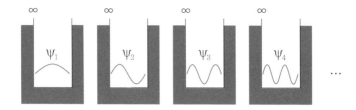

은 파장순으로 그려보면, 위의 그림과 같다.

가장 낮은 에너지를 가진 파동함수(ψ_1)는 파장의 반이 우물의 폭과 같은 경우다. 그다음 에너지가 높은 파동함수 (ψ_2)는 파장이 정확히 우물의 폭과 같은 경우다. 그다음(ψ_3)은 파장의 1.5배가 우물의 폭과 같다. 그다음(ψ_4)은 파장의 2배가 우물의 폭과 같은 식으로 계속된다.

이제 우물 속에 존재하는 파동함수를 구했으니, 그 의미를 한번 해석해보자. 먼저 가장 낮은 에너지 상태를 갖는 바닥 상태의 ψ_1은 우물의 정가운데가 볼록하다. 우물의 양쪽 벽에는 파동함수 값이 0이 된다.

이를 입자적인 관점에서 해석해보면, 입자가 우물의 정가운데에서 발견될 확률이 가장 높다. 또 우물 벽 가까이에서 발견된 확률은 0에 가깝다는 뜻이 된다. 그리고 이 파동함수는 최소 진동에 해당하는 에너지 값 E_1을 갖는다.

이는 고전역학의 바닥 상태와 완전히 다르다. 고전역학에서는 입자가 우물 바닥에 놓인 상태로 안 움직이는 상태가 $E=0$로 최저 에너지 상태다. 그리고 입자는 우물 속 아무데나 있으면 그만이다.

그다음으로 에너지가 높은 ψ_2인 상태를 생각해보자. 이 경우 파동역학이 기술하는 입자는 우물 바닥의 4분의 1인 지점과 4분의 3인 지점에서 파동함수의 진폭이 가장 크다. 우물 벽 양 끝과 우물 정중간에서는 파동함수의 진폭이 0이다.

이때의 에너지는 슈뢰딩거 방정식이 공간에 대해 두 번 미분하므로, 파수의 제곱에 비례할 것이다. 따라서 $E_2=4E_1$이 될 것이다. 문제는 '입자가 어디에서 발견될 확률이 가장 높은가'다. 우물 바닥의 4분의 1인 지점은 파동함수의 진폭이 위로 볼록한 양의 값이다. 하지만 4분의 3인 지점에서는 진폭이 0 밑으로 내려가 음의 값을 갖는다.

그래서 파동함수 자체를 입자가 존재할 확률로 생각하는 것에는 문제가 있다. 확률이 음수일 수는 없기 때문이다.

보른의 확률 해석

그럼 입자가 존재할 확률을 어떻게 정의해야 할까? 확률 값은 양수이어야 하므로 간단히 파동함수 값에 절대값을 씌우면 되지 않을까? 문제는 파동함수가 다음과 같이 복소수 항을 가지고 있다는 것이다.

$$\psi(x,\,t) = Ae^{i(kx-\omega t)} = A\,[\cos(\mathrm{k}x-\omega t)+i\sin(\mathrm{k}x-\omega t)]$$

그래서 절대값을 씌운다는 것이 어떤 뜻인지 모호하다. 이 문제에 대한 대답은 일찍이 막스 보른이 그 해답을 제시했다. 보른은 제안한 방법은 파동함수의 제곱이 확률을 나타낸다는 것이었다.[22] 보른이 제시한 방법대로 우물에 갇혀 있는 입자의 파동함수를 제곱해서 그려보면 다음과 같다.

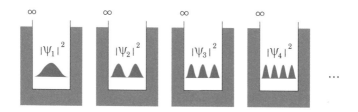

어떤가? 색칠된 부분을 입자가 존재할 확률로 보면 된다. 물론 확률의 정의에 의해 색칠된 부분의 면적 합은 1이어야 한다.

그럼 이제 제대로 해석할 수 있다. 파동함수가 ψ_2인 경우, 입자가 존재할 확률은 바닥의 4분의 1인 지점과 4분의 3인

지점에서 최고가 된다. 양쪽 끝과 정가운데에서는 0이 된다. 그다음 ψ_3과 ψ_4도 똑같이 제곱을 한 그림이 입자가 존재할 확률을 나타낸다.

이렇게 파동역학으로 입자를 설명하면, 고전역학과 달리 입자들의 발견될 위치가 랜덤하지 않고, 특정 지역에 띄엄띄엄 존재하게 된다. 바로 이점이 양자역학과 고전역학의 차이다. 입자의 에너지도 고전역학에서는 어떤 값이라도 가능하지만, 양자역학에서는 $E_2=4E_1$, $E_3=9E_1$, $E_4=16E_1$과 같이 띄엄띄엄 양자화된 에너지를 갖게 된다.

대응원리

1차원 우물에 갇혀 있는 고전적인 입자를 한번 생각해보자. 만약 입자의 운동에너지가 0인 경우에는 우물 속 어디 한군데에서 입자가 움직이지 않고 가만히 있을 것이다. 그러므로 입자가 그곳에서 발견될 확률이 1이고, 다른 곳에서는 0이 될 것이다. 입자가 운동에너지를 가지고 있는 경우라면, 이 입자는 양쪽 벽 사이를 왔다 갔다 영원히 반복 운동을 할 것이다.

자, 이제 이 입자의 스냅 사진을 수백, 수천 번 찍는다고 해보자. 입자는 사진마다 서로 다른 위치에서 찍힐 것이다.

이런 사진을 모두 모으면, 입자는 모든 곳에서 동일하게 찍혀 있을 것이다. 입자가 발견될 확률로 얘기하면, 모든 곳이 똑같은 확률 값을 갖게 된다는 이야기다.

똑같은 상황이지만, 이 입자의 거동을 파동역학으로 설명하면 완전히 다른 이야기가 된다. 입자는 절대 0의 에너지를 가지지 못한다. E_1이라는 최소 에너지를 가지고, 중간에서 많이 발견된다. 그리고 양자수 n이 올라감에 따라, 입자의 에너지도 커지지만 입자가 많이 발견될 위치도 그때그때 달라진다. 이는 양자역학과 고전역학이 극명한 차이를 보여주는 예다.

그럼 고전역학과 양자역학은 양립할 수 없는 것 아닌가? 미시 세계에서만 작동하는 양자역학, 거시 세계에서만 작동하는 고전역학, 이렇게 물리학을 나눠야 한다면 이를 반길 사람이 어디 있겠는가? 물리학은 언제 어디서나 올바른 보편 타당성을 갖는 이론 체계가 아니었던가?

이 점에 대한 고민을 했던 닐스 보어는 양자역학과 고전역학 사이의 관계를 설명하기 위해 "대응원리Correspondence principle'라는 개념을 도입했다. 이는 양자역학이 거시 세계의 영역으로 접근하면 고전역학과 똑같은 결과를 내야 한다는 원리다. 이를 통해 양자역학과 고전역학의 일관성을 유지할 수 있다는 주장이다.

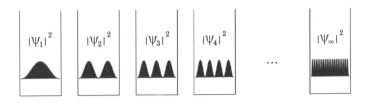

$|\Psi_1|^2$ $|\Psi_2|^2$ $|\Psi_3|^2$ $|\Psi_4|^2$ ... $|\Psi_\infty|^2$

대응원리 관점에서 1차원 우물 문제를 들여다보자. 양자수 n이 커짐에 따라, 확률분포 함수는 점점 평탄해지는 것을 알 수 있다. 궁극에 가서 n이 무한대가 되면, 양자역학의 확률분포는 고전역학과 같이 평탄한 분포가 될 것이다.

대응원리는 우물 문제뿐 아니라 양자역학 전반에 다 적용이 된다. 예를 들어 수소 원자의 경우, 바닥 상태는 -13.6 eV, 그다음은 -3.4 eV, 그다음은 -1.5 eV 등등 띄엄띄엄한 에너지 준위를 갖는다. 하지만 주양자수 n이 커지면 커질수록 양자화 효과는 사라지고, 연속적인 에너지 준위를 갖는다.

한 걸음 더   우물의 모양을 바꾸어보자

현실 속 1차원 우물의 모습으로 양쪽 끝이 콘크리트 벽으로 막힌 기찻길이나 복도를 연상해볼 수 있다. 그런데 이런 단순한 상황 말고, 좀 더 재미있는 경우를 생각해보자. 대표적인 것이 위치에너지가 조화진동자와 같이 2차원 곡선을 따르는 경우다. 현실에서는 스프링에 매달린 진자나, 익스트림 스포츠에서 포물선 모양으로 움푹

패인 경기장에서 롤러스케이트를 타는 사람들이 느끼는 위치에너지를 예로 들 수 있다.

슈뢰딩거 방정식에 $V = \frac{1}{2}kx^2$과 같은 위치에너지를 넣고 푸는 것은 물리학을 전공하는 학생들이라면 누구나 한번 경험해본 문제일 것이다. 문제를 실제로 풀어보는 것도 중요하지만, 더 중요한 것은 문제를 풀지 않고도 파동함수를 상상해서 그릴 수 있다는 점이다.

포물선 같이 생긴 위치에너지는 이렇게 생각해볼 수 있다. 중심에서부터 멀어질수록 점점 더 높아지는 벽으로 만들어진 감옥. 그러면, 1차원 우물 문제와 크게 다를바 없고, 그냥 상상만으로도 파동함수를 그려낼 수 있다. 그 결과는 다음과 같다.

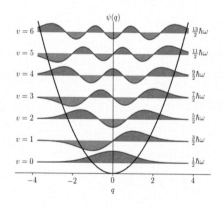

파동처럼 행동하는 입자

　다시 우물 이야기로 돌아가보자. 우물 속에 고전적인 입자인 구슬 1개가 들어 있다고 가정하자. 이 구슬이 갖는 최저 에너지 상태는 우물 바닥에서 움직이지 않고 그냥 한 자리에 놓여 있는 경우일 것이다.

　똑같은 경우지만 파동역학으로 풀면 에너지가 0인 상태는 존재하지 않는다. 가장 에너지가 낮은 상태는 ψ_1일 때로, 반파장이 우물의 폭과 같을 때 만들어지는 파동이다. 그리고 이때는 분명 0이 아닌 에너지 E_1을 갖는다.

　신기하지 않은가? 입자에 두뇌가 있는 게 아니다. 그런데 생각이란 걸 할 수 없는 입자가 어떻게 입자가 우물 한가운데 놓여 있을 때, 우물 양쪽 끝에 있는 벽이 있다는 걸 알까? 어떻게 스스로 파동처럼 행동하여, 양자화된 에너지를 가질 수 있는 것일까?

원자나 전자같이 작은 입자의 입장에서 보면, 우물 벽까지는 엄청나게 먼 거리일 것이다. 그런데 눈이 달린 것도 아닌 원자가 어떻게 벽을 볼 수 있는 것일까?

이를 비유를 통해 설명해보겠다. 어떤 영화에 불행히도 함정에 빠져 깊은 우물에 갇힌 주인공이 있다고 생각해보자. 다행히 이 우물은 아주 넓어서 주인공은 그곳이 우물 속인지, 그저 넓은 들판 한복판인지 구별할 수 없다고 가정해보자.

이런 경우, 고전역학적이라면 우물 속과 넓은 들판 한가운데는 똑같은 자유 공간일 뿐이다. 그래서 주인공은 편하게 바닥에 누워 쉴 수가 있을 것이다.

그런데 함정을 판 악당이 주인공을 죽이기 위해 우물의 벽을 점점 좁힌다고 해보자. 주인공은 다가오는 벽을 보며, 가만히 있으면 벽에 압착돼 죽을 거라는 생각이 들 것이다. 그럼, 주인공은 어떤 행동을 할까?

편안한 마음으로 가만히 앉아 있지는 못할 것이다. 좌측으로 가서 벽을 밀어보고, 우측으로 가서 벽을 밀어보고 양쪽 벽 사이를 왔다 갔다 할 것이다. 벽의 존재만으로도 주인공은 움직이기 시작하고, 운동에너지를 갖게 된다는 얘기다.

시간이 흐르면서 벽이 점점 더 좁아지면, 주인공은 더 빠른 몸짓으로 벽과 벽 사이를 왔다 갔다 할 것이다. 주인공은 살아남기 위해 더 필사적으로 격렬하게 움직일 것이다. 그러면 좁아진 공간에 맞춰 점점 운동에너지가 증가하게 된다.

파동역학의 세계도 이와 비슷하다. 입자가 넓은 우물에 갇혀 있으면, 긴 파장의 낮은 진동수를 가지고 움직인다. 하지만 우물이 좁아지면 좁아질수록, 더 짧은 파장에 더 큰 진동수로 움직이게 된다.

그런데 사람의 경우라면 우물이 좁아지는 걸 알고, 죽지 않기 위해 움직일 것이란 게 이해가 되지만, 입자는 어떻게 자신이 우물 속에 있는 걸 알고, 파동함수를 만드는 걸까?

이런 일은 입자를 고전적인 입자로만 생각해서는 해석이 불가능하다. 고전적인 입자는 벽에 부딪히기 전까지는 벽의 존재를 알 수 없기 때문이다. 하지만 입자를 파동이라 생각하면 모든 것이 설명된다. 왜냐하면 우물 속 파동은 양쪽 벽 끝에서 진폭이 0이 되어야 하기 때문이다.

실제로 전자를 우물에 가두어놓으면 이런 일이 일어난다. 사실 수소 원자 속 전자는 원자핵이 만드는 전기장 우물 속에 갇힌 신세라고 할 수 있다. 그러니 수소 원자 속 전자는 다음 그림과 같은 쿨롱 포텐셜에 갇혀 있는 것이다. 따라서 파동역학적으로 $\psi_1, \psi_2, \psi_3, \psi_4 \cdots$와 같은 파동함수가 생겨나고, $E_1, E_2, E_3, E_4 \cdots$와 같이 에너지 준위가 생겨난다.

지금까지 한 얘기를 종합해보면, 입자가 어떤 모양이든 위

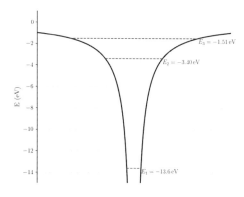

치에너지에 의해 갇혀 있으면, 그 구속 조건에 따라 양자화가 진행된다. 그리고 그에 맞는 파동함수가 생겨난다.

터널효과

다음으로 다음 그림과 같은 1차원 장벽 문제를 생각해보자. 여기서 x 축은 기차길이나 긴 복도와 같은 1차원 공간의 좌표다. y축은 에너지로 파동함수가 갖는 에너지 준위, 그리고 장벽 포텐셜의 높이를 나타낸다.

이 문제에서는 장벽의 높이가 무한대가 아니고 장벽이 어느 한정된 두께를 가지고 있다. 이 경우 파동함수는 어떻게 되겠는가? 굳이 슈뢰딩거 방정식을 풀어야만 파동함수를 그릴 수 있는 것은 아니다.

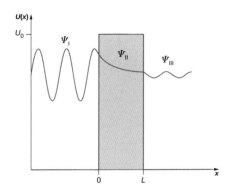

우선 장벽 왼쪽은 아무런 포텐셜이 없는 공간이니, 파동
함수가 평면파가 될 것이다. 장벽 안에서는 장벽의 높이가
파동의 에너지보다 높으므로 파동이 뚫고 들어왔더라도 그
진폭이 장벽의 두께에 따라 줄어들 것이다. 그림에서는 지수
함수적으로 진폭이 줄어들고 있다.

그다음 장벽 오른쪽을 보자. 오른쪽의 파동함수도 장벽
왼쪽과 마찬가지로 아무런 포텐셜이 없는 공간이라 평면파
가 될 것이다. 하지만 왼쪽에서 투과해 나온 해만 가능하므
로, 그 진폭은 크게 줄어 있을 것이다.

이를 종합하면, 다음과 같은 결론에 도달한다. 장벽 왼쪽
에 있던 파동함수는 장벽 속에서 급격하게 진폭이 줄어든
다. 하지만 장벽을 통과하고 나면, 다시 파동이 되어 오른쪽
으로 진행해나간다.

신기한 건 이제부터다. 이 파동함수를 입자로 해석하면, 장벽에 갇혀 있던 입자는 신기하게도 에너지를 잃지만, 장벽을 뚫고 오른쪽 자유 공간으로 빠져 나올 수 있다. 이를 양자역학에서는 터널효과Tunnel effect라고 부른다.

이런 터널 효과가 자연계에서 진짜 일어나는 현상일까? 실제로 방사성 원자핵 붕괴 방식 중 하나인 알파 붕괴는 바로 이 터널효과로 설명된다. 원자핵 속 양성자와 중성자들은 강력에 의해 강하게 뭉쳐져 있다. 이는 마치 양성자와 중성자들이 강력이란 깊은 우물에 빠져 있어 바깥으로 빠져 나오지 못하고 핵 안에 갇혀 있는 것으로 생각할 수 있다.

알파입자는 양성자 2개, 중성자 2개가 아주 단단히 합쳐져 1개의 입자처럼 행동한다. 이 알파입자가 강한 핵력의 장벽을 뚫고 바깥으로 나오는 현상이 바로 알파 붕괴다. 고전역학적으로 계산한다면, 알파입자가 강력을 떨쳐 내고 바깥 세상으로 나오는 것은 불가능하다. 방사선 붕괴야말로 온전히 양자역학에 의해서만 설명되는 대표적인 현상이다.

터널효과를 고전역학과 파동역학적 관점에서 그림과 함께 다시 한번 살펴보자. 우선 벽에 공을 던지는 놀이를 한다고 생각해보자. 고전역학적으로는 공을 100번 던지면 100번 모두 공이 튕겨져 되돌아온다.

이번에는 전자기학을 고려해보자. 전자기파가 벽을 뚫고

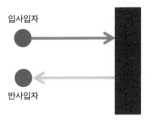

⊙ 고전역학적 공치기. 100번 던지면 100번 모두 튕겨져 나온다.

지나가는 것은 주지의 사실이다. 전파가 벽을 뚫지 못한다면, 우리가 집 안에서 모바일 폰을 사용할 수 있겠는가? 물론 전자기파가 벽을 만나면 뚫고 지나가는 전파도 있지만, 벽에 반사되어 되돌아오는 전파도 있게 마련이다. 이를 그림으로 그리면 다음과 같다.

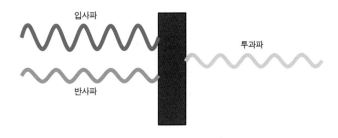

이제 파동역학 차례다. 어떤 입자를 기술할 파동함수를 하나 생각하고 이 파동함수를 파속의 모양으로 그려보자. 파속은 정확히 파동의 성격을 가지고 있다. 그러므로 당연

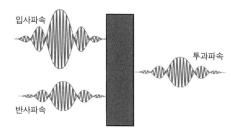

히 위의 그림과 같이 입사파속과 반사파속 그리고 투과파속을 다 갖는다.

드디어 결론이다. 이 파동함수를 입자로 해석하면 어떤 이야기가 될지 알아보자. 먼저 답을 도해로 그려보면 다음과 같다.

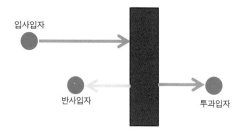

즉 양자역학적인 공놀이에서는 공을 던지면 100% 되돌아오는 것이 아니다. 공이 벽을 뚫고 지나가 투과할 확률도 엄연히 존재한다는 것이다. 그렇다고 친구들에게 이런 얘기를 해서는 안 된다.

"농구공을 이 벽에 수십만 번 치다 보면, 어쩌다 한 번은 농구공이 양자역학적 터널효과로 이 벽을 뚫고 지나갈 수 있을 거야."

왜냐하면 대응원리에서도 설명했듯이, 농구공과 벽과 같은 거시 세계에서는 양자역학이 곧 고전역학으로 수렴하기 때문이다. 따라서 농구공이 벽을 뚫고 지나갈 확률은 없다고 보는 것이 맞다.

중첩과 관측

    수소 원자는 양의 전기를 띤 양성자 1개와 음의 전기를 띤 전자 하나가 서로 뭉쳐 만들어진 양자 시스템이다. 각운동량 양자화를 바탕으로 전자가 원 운동을 한다고 가정하고 고전적인 운동 방정식을 사용해 풀어낸 것이 보어의 수소 원자 모형이었다. 반면, 이를 슈뢰딩거 방정식을 통해 파동역학으로 풀어낸 것이 우리가 흔히 알고 있는 수소 원자의 전자 구름 모형이다.

⊙ 보어의 수소 원자와 슈뢰딩거의 수소 원자

수소 원자 속 전자는 딱 한 개인데, 왜 이렇게 전자 구름처럼 그린 걸까? 그것은 파동함수가 기술하는 전자의 위치가 확률적이기 때문이다. 또한 전자가 보어 모형에서의 바닥 상태에 해당하는 n=1인 궤도 주변에 존재할지, 아니면 들뜸 상태에 해당하는 n=2인 궤도 주변에 존재할지 또한 확률적으로만 알 수 있기 때문이다. 한마디로 수소 원자 속 전자는 어디에 어떤 에너지 상태에 있는지 알 수 없기 때문에 모든 가능성을 합쳐 그린 것이다.

우물 속에 갇혀 있는 입자의 예도 마찬가지다. 우물 속 입자가 바닥 상태인 ψ_1에 있을지, 아니면 들뜸 상태인 ψ_2에 있을지, 그것도 아니면 ψ_3에 있을지 알 수 없다. 그러므로 이 모든 확률을 다 고려해야만 제대로 우물 속 입자의 양자 상태를 기술할 수 있다. 이를 수학적으로 표현한다면 다음과 같다.

$$\psi = a_1\psi_1 + a_2\psi_2 + a_3\psi_3 + \cdots + a_n\psi_n + \cdots + a_\infty\psi_\infty$$

파동은 보강간섭, 상쇄간섭처럼 서로 중첩되어 더해지므로, 파동함수 역시 그대로 더해주면 된다. 다만 더해줄 때 a_1, $a_2, a_3, \cdots, a_n, \cdots$을 곱한 이유는 총 파동함수를 만드는 각각의 파동함수의 기여도가 서로 다를 수 있어, 이를 고려하기 위함이다. 어쨌든 총 파동함수의 제곱은 반드시 확률로 1이 되어야 하므로 다음과 같이 쓸 수 있다.

$$|a_1|^2 + |a_2|^2 + |a_3|^2 + \cdots + |a_n|^2 + \cdots = 1$$

이처럼 어떤 입자가 $\psi_1, \psi_2, \psi_3, \cdots$와 같이 서로 다른 양자 상태의 합으로 주어지는 것을 '중첩'이라고 부른다.

수식 때문에 조금 이해하기가 힘들다면 다음과 같은 비유를 생각해보자. 한 사람의 기분에는 좋거나, 기쁘거나, 슬프거나, 화나는 등 여러 상태가 있다. 사람에 따라 기분 좋을 때가 많고 화를 잘 내지 않는 사람이 있는 반면, 잘 웃지 않고 늘 슬픈 표정으로 다니는 사람도 있다. 그러므로 한 사람의 상태를 표시하면 아래와 같이 쓸 수 있다.

나의 상태는 = 10%(기분 좋은) + 15%(웃는) + 20%(행복한)

+ 20%(기분 나쁜) + 15%(슬픈) + 10%(화난) + ⋯

이를 이모티콘으로 나타내면 다음과 같이 표현할 수 있겠다.

파동함수의 중첩도 이런 것이다. 이렇게 비유해보면 파동함수의 붕괴도 쉽게 이해할 수 있다. 어떤 사람을 만나면, 그 사람이 위의 상태 중 한 가지로 관측될 것이다. 어떨 때는 웃을 때가 있고, 어떨 때는 화나 있을 때도 있다.

어쩌면, 파동함수를 프사이(ψ)란 수학 기호로 표시하는 것보다, 아이콘으로 쓰면 더 시각적이고 이해하기 쉬울 수 있다. 파동함수의 중복과 붕괴도 더 쉽게 이해가 된다. 하지만 문자나 아이콘을 썼을 땐 잘 이해가 되다가, 수학 기호가 나오면 갑자기 어렵다고 느껴진다고 해서 매번 그림을 그릴 수는 없는 노릇이다. 그러므로 물리 공부를 위해서는 수학 기호와 친해지는 것이 필요하다.

파동함수의 붕괴

중첩된 양자 상태를 관측하면 어떤 일이 일어날까? 수소 원자를 예로 들면, 우리가 관측할 때마다 어떨 때는 전자가 1층에서 발견된다. 어떨 때는 2층에서 발견되고 또 어떨 때는 3층에서 발견된다. 전자가 어디에서 발견될지 관측해보기 전까지는 전혀 알 수 없다.

전자가 1층과 2층에 동시에 존재하거나, 전자 반쪽은 2층에, 나머지 반쪽은 3층에 동시에 발견되는 일은 있을 수 없다. 즉 양자 상태는 중첩되어 있지만, 관측을 행하면 하나의 파동함수만 발견된다는 이야기다. 양자역학에서는 이를 '파동함수의 붕괴'라고 부른다.

앞서 비유를 든 사람의 기분 상태도 마찬가지다. 어떤 사람을 우연히 만나 그의 얼굴을 관측하면, 그 사람의 중첩 상태가 보이는 것이 아니다. 화나 있을 땐 화난 모습이, 그 사람이 사랑에 빠져 있을 땐, 행복한 얼굴이 관측될 것이다.

즉 양자역학에서 중첩과 관측에 따른 붕괴란 다음과 같은 의미를 갖는다.

양자 상태 ⋯▸ 여러 고유 상태가 중첩돼 있다.
측정을 하면 ⋯▸ 특정 고유 상태 하나만 관측된다.

생각해보면, 중첩 상태는 직관적으로 받아들이기 쉽지 않다. 예를 들어 어떻게 사람이 깔깔 웃으면서 동시에 화난 표정을 할 수 있겠는가? 물론 웃기면서 슬프다고 '웃프다'란 말이 한때 유행하기도 했지만, 웃픈 표정을 상상하기는 쉽지 않다. 이렇듯 중첩 상태는 일상에서 좀처럼 찾아보기 힘든 상태다.

굳이 일상 속에서 양자 상태와 비슷한 중첩 상태를 찾아본다면, 이런 예를 들 수 있다. 우리나라 사람들의 최대 고민이라는 '짜장면을 먹을 것인가, 짬뽕을 먹을 것인가'가 바로 그 예다.

　중식당에 온 손님은 고민에 빠진다. 왜냐하면 마음속에 짜장면과 짬뽕이 50대 50으로 섞여 중첩되어 있기 때문이다. 이 2가지 상태의 중첩은 관측이 일어나기 전까지 계속 유지된다. 그러다 웨이터가 다가와 "짜장면을 드시겠습니까, 짬뽕을 드시겠습니까?" 하고 물어 오면, 그때 어쩔 수 없이 한 가지를 결정한다. 소위 중첩 상태가 깨지는 것이다. 여기서 웨이터의 질문은 중첩 상태를 붕괴시키는 관측에 해당한다.

한 걸음 더　실재, 실제, 실체

전자를 파동함수로 기술할 때, 과연 파동함수는 온전히 전자의 실재實在, reality를 다 담아낼 수 있을까? 아인슈타인과 보어는 실재를 놓고 오랜 기간 논쟁을 벌였다. 달은 우리가 볼 때만 존재하고, 우리가 쳐다보지 않으면 존재하지 않는다는 것인가? 아인슈타인은 철학의 인식론과 같이 관측에 달라지는 파동함수가 물리적 대상의 실재일 수 없다고 생각했다.

그런데 실재란 무엇인가? 이 질문은 물리학적 질문이라기보다 철학적 질문에 가까워 보인다. 우선 실재란 말의 정의부터 필요하다. 실재란 인간의 의식 또는 인식과 무관하게 객관적으로 존재하는 사물의 본질을 말한다.

실재의 반의어로 '가짜', '헛것', '허상'을 들 수 있다. 실재와 종종 혼동 되는 단어로 실체實體, ousia, substance가 있다. 이는 사물 또는 존재의 실제 모습을 말한다. 철학적 용어로 우시아ousia가 실체이며, 영어로는 substance가 이에 해당한다.

또 다른 용어로 실제實際, actual도 있다. 이는 사실 또는 현실 그대로의 상태를 말한다. 이 3가지 용어가 다 헷갈리므로, 다음 문장의 의미를 곱씹어보자.

"실제實際로 존재하는 물리적 실체實體인, 전자의 실재實在는 무엇인가?"

새로 나온 책

마흔에 읽는 융 심리학

이렇게 계속 살아도 괜찮을까

제임스 홀리스 지음 | 정명진 옮김 | 김지용 감수 | 값 22,000원

『데미안 프로젝트』정여울 작가 강력 추천!
'나는 이제껏 무엇을 위해 살아온 걸까?'
마흔, 당신 인생이 당신에게 질문을 건네고 있다.
세계 최고의 융 권위자 제임스 홀리스와 떠나는 자아 탐구 여정

불통, 독단, 야망

위험한 리더는 어떻게 만들어지는가

스티브 테일러 지음 | 신예용 옮김 | 값 22,000원

"리더를 모를 때 치러야 할 대가는 너무 크다!"
인간 의식 분야의 독보적인 권위자가 들여다본 히틀러부터
도널드 트럼프까지 분열과 위기를 가져오는
초단절형 인간의 심리 패턴!

전쟁의 문화

미국과 일본의 선택적 기억, 집단적 망각

존 다우어(John W. Dower) 지음 | 최파일 옮김 | 김동춘 해제 | 값 58,000원

제국의 전쟁문화, 제국주의의 오만을 해부하다
퓰리처상 수상 역사학자, 존 다우어의 기념비적 연구
현대 전쟁의 역학과 병리학, '테러와의 전쟁'에 관한 지적·역사적 뿌리

한가함과 지루함의 윤리학

어떻게 살 것인가

고쿠분 고이치로(國分功一郎) 지음 | 김상운 옮김 | 값 38,000원

50만 독자가 사랑한 현대의 고전
자유와 욕망 사이, 삶의 방향을 말하는 철학 입문서
인생을 활기차게 즐기기 위한 철학이 여기에 있다!

도서관의 역사

지식을 향한 욕망의 문화사

앤드루 페테그리·아르투르 데르 베뒤벤 지음 | 배동근·장은수 옮김 | 장은수 해제 | 값 48,000원

도서관의 역사는 곧 인류의 역사이다
지식을 축적하려는 '권력의 욕망'이 빚은, 도서관 5000년의 역사
교양과 무지, 헌신과 파괴의 드라마

스테디셀러

나는 매주 시체를 보러 간다

서울대학교 최고의 '죽음' 강의

유성호 지음 | 값 18,000원

"삶을 원하거든 죽음을 준비하라!"
자살, 뇌사, 안락사, 존엄사, 유서, 유언……
죽음에 관한 가장 뜨거운 이슈를 모았다!
법의학자의 예리한 시선과 인문학적 통찰로 풀어낸 죽음 지침서!

퍼펙트 게스

불확실성을 확신으로 바꾸는 맥락의 뇌과학

이인아 지음 | 값 19,800원

맥락적 추론은 어떻게 삶의 문제를 해결하는가!
불확실성의 시대에 나의 뇌를 개발하는 전대미문의 길을 밝혀주는
뇌과학 필독서. 지금 이 순간의 경험과 선택이 모여 마침내
'나'라는 맥락을 갖는 '뇌'가 된다!

마음 지구력

삶의 경로를 재탐색하는 발칙한 끈기에 대한 이야기

윤홍균 지음 | 값 22,000원

"어쩌면 '소진'은 우리를 살리려는 신호가 아닐까?"
100만 독자가 선택한 윤홍균의 세 번째 마음 처방전이자
인생을 경쾌한 성공으로 이끄는 성장 심리학

홍보의 신

충주시 홍보맨의 시켜서 한 마케팅

김선태 지음 | 값 19,800원

평균 조회 수 100만 회, 댓글 1,000여 개, 전국 지자체 유튜브 1위!
대한민국에서 가장 유명한 공무원 '충주시 홍보맨'이 홍보하는 법
"충주시 하수도 공사 기간을 전 국민이 알게 하려면? 슬릭백을 춰라!"
예산도, 전문가도 없이 대박 유튜브를 만든 콘텐츠 기획 전략

설득의 심리학(4부작 세트)

전 세계 700만부 판매, 44개 언어로 번역 출간!

로버트 치알디니 · 노아 골드스타인 · 스티브 마틴 지음 |
김경일 등 옮김 | 값 100,000원

〈포춘〉〈800 CEO 리드〉에서 선정한
'꼭 읽어야 할 최고의 비즈니스서' 로버트 치알디니의
33년 연구의 정수를 담은, 실천적 삶과 소통의 지혜들로
재탄생한 심리학 역작을 4권의 책으로 만나다!

수연이네 삼 형제 완밥 레시피

한 번에 만들어 온 가족이 함께 먹는
인스타 팔로워 79만 수연이네의 집밥 레시피

유수연 지음 | 값 28,000원

유아식을 시작하는 13개월 아이부터 까다로운 어른 입맛까지
요리 한 번으로 만족시키는 수연이네 온 가족 식사

우리는 사랑 안에 살고 있다

구독자 85만 국민 힐링 채널
〈리쥬라이크〉 유준이네 첫 에세이

유혜주 · 조정연 지음 | 값 19,800원

간지러운 연애부터 요절복통 육아, 가슴 절절한 부모의 마음까지
무던한 하루 위에 쌓아간 사랑의 기록들

슈퍼 호르몬

비만과의 전쟁에서 발견한 질병 해방과 노화 종말의 서막

조영민 지음 | 값 22,000원

호르몬을 모르고 질병 해방과 인류의 미래를 논하지 말라!
우리 몸을 지배하는 호르몬 작용 원리에서 질병과 노화를 늦출
치료제 탄생의 서막까지, 만성질환과 노화에 대한 당신의 생각을
영원히 바꿀 호르몬 바이블

임파서블 크리쳐스
: 하늘을 나는 소녀와 신비한 동물들

신비한 동물들과 함께하는 마법의 섬 '아키펠라고'로의 초대!

캐서린 런델 지음 | 김원종 옮김 | 값 18,800원

『반지의 제왕』『나니아 연대기』에 비견되는 차세대 판타지 걸작.
워터스톤스 올해의 책 수상작.
신화와 전설이 살아 숨쉬는 마법의 섬 '아키펠라고'로의 초대!

J.R.R. 톨킨 동화 선집(전5권)

우리 마음속의 '어린이'를 깨우는
J.R.R. 톨킨의 '어른을 위한 철학 동화'

J.R.R. 톨킨 지음 | 김보원 · 이미애 옮김 | 값 128,000원

『호빗』『반지의 제왕』 작가이자 전 세계적으로 사랑받은 판타지
문학의 거장 J.R.R. 톨킨이 지혜와 유머로 빚어낸 J.R.R. 톨킨
동화 선집 기프트 에디션 공식 출간

행복의 기원

인간의 행복은 어디서 오는가

서은국 지음 | 값 22,000원

인간은 행복하기 위해 사는 게 아니라, 살기 위해 행복을 느낀다!
대한민국 행복의 패러다임을 바꾼 문제적 베스트셀러의
출간 10주년 기념 개정판.
진화심리학으로 추적하는 인간 행복의 기원.

창조적 시선

인류 최초의 창조 학교 바우하우스 이야기

김정운 지음 | 윤광준 사진 | 이진일 감수 | 값 108,000원

'창조성'의 구성사(構成史)에 관한 탁월한 통찰!
김정운의 지식 아카이브 속 가장 중요한 키워드,
'바우하우스' 로드를 직접 걸으며 밝혀낸 창조적 시선의 기원과
에디톨로지의 본질.

선악의 기원

아기를 통해 보는 인간 본성의 진실

폴 블룸 지음 | 최재천·김수진 옮김 | 값 22,000원

세계적인 심리학자 폴 블룸, 아기에게 선악을 묻다!
"도덕감각은 타고나는 것일까, 만들어지는 것일까?"
세계적인 심리학자 폴 블룸, 아기의 마음을 통해 인간 도덕성의 기원과
선악의 본질을 탐구한다!

하루 한 장, 작지만 큰 변화의 힘

Small Big Change 365

김익한 지음 | 값 28,000원

변화는 읽고 기록하는 습관에서 시작된다!
최고의 기록학자가 제안하는 '읽고, 생각하고, 기록하는' 성장 루틴을
완성할 수 있는 책. 요일별 키워드로 구성된 한 편의 글과 일요일에 직접
생각을 기록할 수 있도록 구성했다.

아이를 무너트리는 말, 아이를 일으켜 세우는 말

상처 받기 쉬운 아이의 마음을 지키는 대화법 70가지

고도칸 지음 | 한귀숙 옮김 | 값 19,000원

"아이의 안정감은 편안한 대화로부터 시작됩니다."
10년간 소아정신과에서 일한 저자는 부모들이 아이의 마음을 세워주는
소통을 하길 바라며 대화법 70가지를 소개한다. 아이를 한 인간으로
존중하며, 상처받기 쉬운 마음을 보듬는 방법에 관해 이야기한다.

BOOK21

신간 및 베스트셀러

21세기북스는 급변하는 시대의 흐름 속에서 독자의 요구를 먼저 읽어내는 예리한 시각으로 〈칭찬은 고래도 춤추게 한다〉, 〈설득의 심리학〉 등 밀리언셀러를 출간하며 경제 경영 자기계발 분야의 독보적인 브랜드로서 자리매김했습니다.

f 21cbooks　　ⓘ jiinpill21　　📖 21c_editors

북이십일의 문학 브랜드 아르테는 세계와 호흡하며 세계의 우수한 작가들을 만납니다. 국내에 소개되지 않은 혹은 잊혀서는 안 되는 작품들에, 새로운 가치를 담아 재창조하여 '깊고 아름다운 책'을 만들고자 합니다.

f 21arte　　ⓘ 21_arte　　📖 staubin

베스트셀러

천 번을 흔들리며 아이는 어른이 됩니다
사춘기 성장 근육을 키우는 뇌·마음 만들기

김붕년 지음 | 값 17,800원

서울대병원 소아·청소년정신과 명의 김붕년 교수의 사춘기 성장 법칙.
아이가 어른이 되어 가는 약 3년, 1000일의 시간.
불안한 뇌, 불안한 마음을 결정적 성장으로 이끌
사춘기 필수 내면·관계 훈련법.

나는 배당투자로 매일 스타벅스 커피를 공짜로 마신다
평생 월 500만 원씩 버는 30일 기적의 배당 파이프라인 공략집

송민섭 지음 | 값 24,000원

잘 키운 배당주 하나가 마르지 않는 돈의 샘물이 된다!
주가 흐름에 흔들리지 않고 시간이 갈수록 빛을 보는
30일 미스터 배당투자 가이드

고층 입원실의 갱스터 할머니
남몰래 난치병 10년 차,
빵먹다살찐떡이 온몸으로 아프고 온몸으로 사랑한 날들

양유진 지음 | 값 18,800원

100만 크리에이터 '빵먹다살찐떡' 양유진이 고백하는 난치병 '루푸스'
투병 "다행인 것은 이제 환자라는 걸 즐기는 지경까지 왔다는 것이다"
오롯한 진심으로 당신에게 슬쩍 건네는 유쾌하고 담백한 응원

프레임
나를 바꾸는 심리학의 지혜

최인철 지음 | 값 22,000원

50만 독자가 선택한 스테디셀러
서울대 심리학과 최인철 교수의 대표 저서
세상을 바라보는 마음의 창, 프레임을 바꾸면 삶이 바뀐다
최상의 프레임으로 삶을 재무장하라!

일론 머스크
인류의 미래를 바꾸는 이 시대 최고의 혁신가

월터 아이작슨 지음 | 안진환 옮김 | 값 38,000원

"미래는 꿈꾸는 것이 아니라 만드는 것, 그가 상상하면 모두 현실이 된다!"
미친 아이디어로 '지하에서 우주까지' 모든 걸 바꾸는 남자!
이 책은 일론 머스크의 어린 시절부터 현재까지 세간에 알려지지 않은
그의 다른 면모를 보여준다.

정영진의 시대유감

나는 고발한다, 당신의 뻔한 생각을

정영진 지음 | 값 22,000원

〈삼프로TV〉〈매불쇼〉〈일당백〉〈웃다가!〉〈보다〉…
누적 구독자 천만 명! 천재 기획자 정영진식 인사이트
"어설픈 위로나 공감을 하느니 불편한 질문을 좀 해볼게요"
정영진이 이슈의 최전선에서 10여 년간 뒹굴면서 생각한 것들

한 권으로 끝내는 입시 전략

내 자녀를 원하는 대학까지 단숨에

권오현 지음 | 값 22,000원

대한민국 입시를 이끄는 최상위 대학 입학사정관들의 멘토
권오현 교수의 입시 전략 필독서. 날카로운 대입 전략부터
자녀교육 인사이트, 급변하는 제도에도 흔들리지 않는 트렌드 예측까지,
서울대 前입학본부장의 입시 설명회를 한 권에 담다.

2025 대한민국 교육 키워드

급변하는 교육 환경에 불안한 부모를 위한

방종임 · 이만기 지음 | 값 19,800원

공교육 & 사교육 트렌드 총망라, 변화에 발 빠르게 대비하라!
학부모의 길잡이 '교육대기자TV'가 선정한 초중등 핵심 트렌드
국내 최대 교육 전문 채널 '교육대기자 방종임과 대한민국 최고의
입시 전문가 이만기가 엄선한 2025 교육계 핵심 정보!

80:20 학습법

최소한의 노력과 시간으로 최대 효과를 내는 학습법

피터 홀린스 지음 | 김정혜 옮김 | 값 19,800원

"효율 없는 노력은 방향 없는 걷기와 같다"
정말 필요한 것에만 집중하라
연초에 꼭 읽어야 할, 모든 학습법의 학습법!

삶의 무기가 되는 회계 입문

숫자로 꿰뚫어 보는 일의 본질

가네코 도모아키 지음 | 김지낭 옮김 | 값 26,000원

"비즈니스 세계에서 회계는 교양이자 상식!"
초심자가 읽어도 술술 읽히는 회계 책
돈이 흐름이 보이는, 삶의 무기가 되는 회계

반지의 제왕+호빗 세트(전4권)

새롭게 태어난 20세기 판타지 문학의 걸작
국내 최초 60주년판 완역 전면 개정판

J.R.R. 톨킨 지음 | 김보원 · 김번 · 이미애 옮김 | 값 196,200원

전 세계 1억 부 판매 신화.
〈해리 포터〉〈리그 오브 레전드〉세계관의 원류.
톨킨의 번역 지침에 따라 새롭게 다듬고 고쳐 쓴 스페셜 에디션.

곰탕 1, 2(전2권)

미래에서 온 살인자

김영탁 지음 | 값 권당 17,000원

가장 돌아가고 싶은 그때로의 여행이 시작되었다! 카카오페이지
50만 독자가 열광한 바로 그 소설. 가까운 미래에 시간 여행이
가능해진다. 하지만, 그 여행은 목숨을 걸어야 할 만큼 위험했다!
영화 〈헬로우 고스트〉〈슬로우 비디오〉감독의 첫 장편.

너는 기억 못하겠지만

"당신에게도 잊을 수 없는 사람이 있나요?"

후지마루 지음 | 김은모 옮김 | 값 18,000원

출간 즉시 20만 부 돌파, 화제의 베스트셀러
머지않아 다가올 기억을 잃은 세상, 어쩌면 나는 거기서
희망을 만날 수 있을지도 모른다.
올겨울을 사로잡을 기묘한 감성 미스터리

세상에서 가장 쉬운 본질육아

삶의 근본을 보여주는 부모, 삶을 스스로 개척하는 아이

지나영 지음 | 값 18,800원

한국인 최초 존스홉킨스 소아정신과 지나영 교수가 전하는 궁극의 육
아법. 부모는 홀가분해지고 아이는 더 단단해진다! 육아의 결승선까지
당신을 편안히 이끌어줄 육아 로드맵

초등 저학년 아이의 사회성이 자라납니다

자녀의 사회성을 성장시켜 줄
학부모와 교사의 품격 있는 소통법

이다랑 · 이혜린 지음 | 값 18,000원

"부모와 선생님이 협력해야 아이가 건강하게 성장합니다."
아이의 첫 사회 진출! 학부모의 역할과 소통법을 담은
초등 입학 & 학교생활 가이드북

6부
이 세상에 확실한 건 없다!

입자의 성격과 파동의 성격은 상보적이다.

파동성을 관측하면 입자성이 사라지고,

입자성을 관측하려면 파동성을 포기해야만 한다.

측정에서도 그렇다. 하나의 물리량을 정밀히 측정하려면,

상보적인 다른 물리량의 값은 측정을 포기해야 한다.

이것이 양자역학이 말해주는 불확정성이다.

양자역학의 세계엔 라플라스의 악마가 서식할 공간이 없다.

베르너 하이젠베르크(Werner Heisenberg, 1901~1976)

정밀하게 측정한다는 것

　앞에서 어떤 물리 상태는 서로 다른 여러 파동함수의 중첩 상태일 수 있다고 했다. 관측을 하면 하나의 특정한 상태가 발견되는데, 이를 파동함수의 붕괴라 부른다고 했다. 관측이 물리 상태를 변화시킨다는 이야기다.

　그런데 이는 거시 세계에서는 좀처럼 받아들이기 힘든 개념이다. 내가 관측을 하지 않으면 초생달, 반달, 그믐달, 보름달이 중첩되어 있다가, 내가 쳐다볼 때만 특정한 달의 모습이 나타난다면 믿겠는가?

　또한 달이 우주 전 공간에 퍼져 있다가, 내가 관측할 때만 특정한 자리에서 발견되는 것이라면, 이 말을 믿을 수 있겠는가? 물론 이는 말이 안 되는 일이다. 달은 우리가 쳐다보지 않아도 원래 자기 모습으로 그 자리에 있을 뿐, 달의 존재와 우리의 관측은 하등 관계가 없다.

그런데 미시 세계에서는 왜 관측이 대상에 영향을 미친다고 하는 것일까? 일찍이 보어와 하이젠베르크는 관측은 반드시 대상에 교란disturbance을 일으켜야만 가능하다고 봤다. 거시 세계에서는 어두운 방에서 물건을 찾기 위해 손전등을 켠다고, 그 물건이 어디로 도망가거나 하지는 않는다. 손전등 빛이 물건에 영향을 미치기에는 너무 에너지가 약하기 때문이다.

하지만 미시 세계에서는 다르다. 전자와 같이 가벼운 입자는 손전등을 켜는 순간, 손전등에서 발사된 빛 알갱이가 전자를 두들겨 다른 곳으로 이동시킨다. 전자를 보려던 그 위치에서 벗어날 뿐 아니라, 에너지를 얻어 운동량도 바뀐다.

'정밀하게 측정한다'라는 것은 무엇일까? 우선 '측정'이 무엇을 의미하는지부터 알아보자. 거시 세계에서의 측정이란 주로 비교에 의해 행해진다. 예를 들면, 길이를 측정한다는 것은 기준이 되는 자를 이용해 물체의 크기를 비교하는 것이다. 좁쌀같이 작은 물체부터, 운동장 같이 큰 대상까지 적당한 자만 있으면 그 크기를 다 측정할 수 있다.

그런데 그런데 아주 큰 것과 아주 작은 것을 측정하려면 어떻게 해야 할까? 예를 들면 지구에서 달까지, 지구에서 태양까지의 거리는 어떻게 잴까? 이런 경우, 사용할 수 있는 자는 이 세상에 없다. 설사 아주 긴 줄자를 만들었더라도 줄자

펼쳐 측정한다는 것 자체가 의미가 없다. 달도 움직이고, 지구도 움직이고, 모든 천체가 다 움직이기 때문에 줄자가 알려주는 거리는 제대로 된 직선거리가 아니다.

알다시피, 천체까지의 거리를 재는 방법으로는 레이더를 이용한 직접 측정, 연주시차, 적색 편이를 이용하는 방법 등 여러 가지 측정법이 있다. 그러나 이렇게 큰 단위의 길이 측정에는 오차가 심할 수밖에 없다.

지구에서 안드로메다까지의 거리가 250만 광년이라 하는데, 이는 대략 그렇다는 것이다. 지구에서 안드로메다까지의 거리를 오차범위 밀리미터까지의 정밀도로 측정한다는 것은 애초에 불가능하다. 설사 잴 수 있더라도 의미가 없다.

그럼 아주 작은 것은 어떨까? 작으니까 정밀하게 측정이 가능할까? 이 또한 쉬운 얘기가 아니다. 아주 작은 것을 보려면 현미경을 사용해야 한다. 그런데 현미경도 바이러스만큼 작은 것은 보여주지 않는다. 왜 그럴까?

그 이유는 빛의 파장보다도 작은 것은 빛으로 볼 수 없기 때문이다. 통상적으로 가시광선의 파장이 400nm에서 700nm정도이니, 이 빛의 파장보다 더 작은 나노미터 크기의 바이러스가 보일 리 없다.

물론 전자현미경을 쓰면 된다. 전자현미경은 빛보다 훨씬 파장이 짧은 전자의 물질파를 사용하기 때문이다. 그런데 바이러스보다 더 작은 원자, 원자핵 또는 전자와 같은 기본 입자들의 크기와 위치는 어떻게 측정할 수 있을까?

가속기를 사용하여 고에너지 빔을 만들고, 원자핵에 빔을 충돌시켜, 빔이 얼마나 산란되는지를 관찰하면 원자핵의 크기를 잴 수 있다. 러더퍼드 실험이 바로 그것이다. 하지만 고에너지 빔에 두들겨 맞은 입자들은 원래에 있던 상태에 머무르지 못하고, 빔과 충돌해 부셔져버리거나 튕겨져 나간다. 대상에 교란이 생기는 것이다. 하이젠베르크가 불확정성의 원리를 설명하면서 주목했던 것은 바로 이것이었다.

하이젠베르크의 불확정성 원리

하이젠베르크의 불확정성 원리Uncertainty principle는 '상보적인 관계에 있는 두 물리량을 둘 다 동시에 정확히 측정하는 것은 불가능하다'라는 양자역학의 핵심 개념 중 하나다.[23] 불확정성 원리에서 소개하는 대표적인 예가 위치와 운동량의 측정에 있어 나타나는 불확정성이다. 이를 수학적으로는 다음과 같이 표기한다.

$$위치의\ 불확정성 \times 운동량의\ 불확정성 \geq \frac{1}{2}\hbar$$
$$\Delta x \cdot \Delta p \geq \frac{1}{2}\hbar$$

이는 위치를 정밀하게 측정하려면, 즉 위치의 불확정도를 0으로 가져가려면, $\Delta x \rightarrow 0$, 운동량의 불확정도가 매우 커짐을 뜻한다. 즉 $\Delta p \rightarrow \infty$이다. 반대로 운동량을 정밀히 측정하려면, 즉 $\Delta p \rightarrow 0$을 얻으려면 위치의 측정을 포기해야 한다. 즉 $\Delta x \rightarrow \infty$임을 인정해야 한다. 따라서 어떠한 경우도 상보적 관계에 있는 위치와 운동량을 동시에 정확하게 알 수는 없다.

관측으로 인한 교란

하이젠베르크는 불확정성이 생기는 주 원인이 '관측으로 인한 교란'에 있다고 생각했다. 반면, 보어는 불확정성이 파동성에서 기인한다고 생각했다. 하이젠베르크와 보어의 설명 방식은 서로 달랐지만, 불확정성 원리가 양자역학의 비결정성indeterminate을 보여주는 핵심 개념이라는 점에는 의견을 같이했다.*

불확정성 원리를 '관측으로 인한 교란'으로 이해했던 하이

---

* 고전역학에서는 입자의 초기 상태를 알면 그 입자의 먼 미래까지 다 계산해낼 수 있다. 따라서 고전역학은 모든 것의 미래가 이미 다 정해져 있다는 결정론적 세계관을 뒷받침한다.

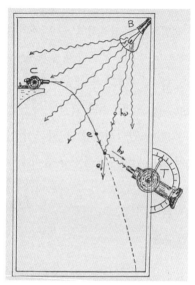

⊙ 불확정성 원리를 설명하기 위해 가모브가 그린 삽화

젠베르크의 설명을 먼저 살펴보자.

위 그림은 조지 가모브의 명저 『물리학을 뒤흔든 30년』에서 불확정성의 원리를 설명하기 위해 가모브가 직접 그린 삽화다. 그림 왼쪽 상단엔 대포가 놓여 있고, 이 대포에서 수평 방향으로 전자가 발사된다. 전자는 수평 방향으로는 등속운동을 하지만, 중력을 받아 수직 방향으로는 낙하 운동을 한다. 따라서 이 두 운동을 합치면, 전자는 포물선을 그리며 바닥으로 떨어진다.

이제 전자가 떨어지는 궤도를 측정한다고 해보자. 고전역학을 사용하면 대포에서 전자가 출발할 때의 수평 방향 속도를 알고, 중력장의 세기를 알면, 포물선의 궤적을 정확히 계산해낼 수 있다.

계산된 궤적을 맞는지를 확인해보기 위해, 그림의 오른편 상단에 위치한 전등을 켜고 영상 장치를 통해 관측한다고 해보자. 즉 날아가는 전자의 위치를 측정하기 위해, 빛 알갱이를 쏘아, 반사되어 영상 장치로 들어오는 빛을 보는 것이다.

문제는 빛에 의해 전자의 궤적이 교란을 받는다는 점이다. 물론 교란을 줄이기 위해 아주 약한 빛을 사용할 수 있다. 약한 빛이란 에너지가 약한 빛이다. 다른 말로 진동수가 작은 또는 파장이 긴 빛을 말한다. 그런데 파장이 긴 빛을 사용하면, 전자의 위치를 제대로 알아낼 수가 없다.

반대로, 전자의 위치를 정확히 촬영하기 위해 강한 빛, 즉 진동수가 높고, 파장이 짧은 빛을 쏘면 어떻게 될까? 촬영 장치에는 깨끗한 전자의 이미지가 담기겠지만, 빛의 에너지가 크면 클수록 전자가 크게 튕겨져 나가 원래 궤적에서 벗어나고, 운동량도 크게 바뀌게 된다.

그러니 파장이 짧은 빛을 써서 위치를 정밀하게 측정하려고 하면 운동량 측정이 망가진다. 반대로 파장이 긴 빛을 써서 운동량의 교란을 최소화하고자 하면, 위치의 측정이 불

분명해진다.

이처럼 위치와 운동량 둘 다를 동시에 정밀하게 측정할 수 없다. 이것은 실험 방법을 개선한다고 해결될 수 있는 문제가 아니라, 양자역학이 원래 품고 있는 본질적 한계다.

한 걸음 더　하이젠베르크의 행렬역학

제대로 된 양자역학이 나오기 전까지의 양자 이론은 그야말로 어거지였다.[*]

"태초에 빛이 있어라. 단 빛의 에너지는 진동수에 플랑크 상수란 숫자를 정수 배 만큼 곱한 값만 허용하느니라."

이는 창조주 플랑크의 말씀이다.

"전자야, 너는 원 운동을 해도 내가 정해놓은 길만 따른다면 에너지를 잃지 않고 영원할 것이다."

이는 보어 교황님의 말씀이다.

"그리고 전자들아, 내가 너희들에게 각자 번호를 하나씩 붙여줄 테니, 너희들은 절대 한군데 모여 있어서는 안 된다. 어떤 전자가 방에 이미 들어가 있다면, 너는 절대로 그 방을 탐하지 말고 다른 방으로 가야 한다."

---

[*]　엄밀하게 말하면, 하이젠베르크의 행렬역학과 슈뢰딩거의 파동역학이 나오기 이전까지는 양자역학이 없던 시절이었다. 그래서 플랑크의 양자가설부터, 아인슈타인의 광양자설, 보어의 원자모델, 파울리의 배타 원리 등 다양한 초기 양자 이론을 고전 양자론Classical Quantum theory이라 묶어 부르기도 한다.

이는 파울리 주교의 동성동본 합방 금지령이다.

이렇듯 양자역학이 나오기 이전의 현대 물리학의 모습은 아름다운 모형과 설명 그리고 합리적인 추론이란 과정 없이, 그저 믿음과 규칙, 금지령으로 가득 찬 법령과도 같았다. 그래도 양자론은 광전효과도 제대로 설명하고, 원자의 복사 스펙트럼도 기가 막힐 정도로 잘 맞춰냈다. 양자론 속에 숨겨 있는 깊은 원리가 무엇인지는 몰랐어도 어쨌든 관측 사실은 잘 설명하니, 실용적 가치만큼은 뛰어났다.

이런 상황을 누구보다도 더 고민하던 젊은 물리학자가 있었으니, 그가 바로 베르너 하이젠베르크였다. 하이젠베르크는 1922년 괴팅겐에서 열린, 소위 '보어 축제'라 불리는 학회에서 처음 보어를 만났다.

1923년, 조머펠트의 지도 아래 뮌헨 대학교에서 박사학위를 받은 하이젠베르크는 괴팅겐에서 강사로 일하다, 1924년 코펜하겐의 이론물리연구소의 방문 연구원으로 보어와 함께 일하게 된다. 물론 보어는 당시 연구소를 이끌어가는 책임자로 엄청 바빴을 테니, 엄밀하게는 그곳 동료들과 함께 일하고 보어와 토론을 하는 정도였을 것이다.

하이젠베르크는 그곳에서 기존의 양자론을 답습하지 않고, 완전히 새로운 방식으로 양자 세계를 들여다볼 수 있는 새로운 체계를 생각해냈다. 하이젠베르크의 새로운 방식은 측정할 수 없는 원자 속 전자의 위치나 운동량에서 시작해서 원자 스펙트럼을 맞추는 방법이 아니었다. 역으로 측정가능한 원자 스펙트럼의 진동수나 진폭과 같은 변량으로 시작해서, 거꾸로 원자 속에서 진동하는 전자의 위치나 운동량의 관계를 찾아내는 것이었다. 이로부터 얻어낸 위치와 운동량 사이의 관계가 바로 그 유명한 $xp - px = i\hbar$의 식으로 표현된다.

1925년 논문을 낼 때까지, 하이젠베르크는 행렬이라는 개념을 몰랐다.[24] 행렬을 도입해 하이젠베르크의 논문을 다시 쓴 이는 보른과 요르단이었다.[25]

참고로 최초의 양자역학이라 인정받는 하이젠베르크의 이론이 처음부터 행렬역학으로 불린 것은 아니다. 초기에는 '하이젠베르크의 역학'이란 이름으로 통용되었다. '행렬역학'이라는 이름으로 불리기 시작한 것은 1950년대부터였다.

하나를 얻으면 하나를 포기해야 한다

 이번에는 불확정성의 원리를 파동성에 입각해 설명해보고자 한다. 그런데 그전에 '위상 공간'이란 말에 대해 설명이 좀 필요하다. 공간은 무엇이고, 위상 공간은 또 무엇인가?

 사실 우리 눈에 보이는 것은 공간뿐이다. 시간도 4차원 시공간에 엄연히 하나의 축을 담당하고 있지만, 눈에 보이지는 않는다. 그렇지만 시간에 광속도를 곱하면 길이의 단위를 가지기 때문에, 물리학자들은 시간을 공간과 똑같이 취급한다.

 이렇게 시간 차원을 하나 더한 4차원 시공간을 '민코프스키 공간'이라 부른다. 민코프스키 공간에서 시간과 공간 좌표를 합쳐 4벡터로 표현하면, 특수상대성이론의 모든 공식이 몇 줄 안 되게 깔끔하게 표현된다. 아인슈타인도 몰랐던 시공간의 통합을 그의 수학 스승이었던 민코프스키가 보여준 것이다. 이는 아인슈타인이 일반상대성이론을 펼쳐 나갈 수 있게 한 가장 강력한 수학적 도구가 되었다.

그럼 위상 공간은 무엇일까? 위상 공간도 보이지 않는 공간이라 생각하면 쉽다. 예를 들어보자. 운동장을 생각해보고, 운동장에서 뛰어 노는 아이들을 상상해보자. 축구 경기를 하고 있는 운동선수를 생각해도 좋다.

먼저 운동장에 2차원 평면 좌표를 긋고, 아이들의 위치를 일일이 사진을 찍어 기록한다고 하자. 아이들의 위치 분포는 어떻게 될까? 운동장의 가로로, 세로로 특정한 분포 곡선이 나타날 것이다. 멈춰 있는 아이들도 있고, 천천히 걷고 있는 아이들도 있을 것이고, 빠르게 뛰어다니는 아이들도 있을 것이다.

이때 눈에 보이지는 않지만, 속도 공간이란 좌표를 만들어보자. 그래프의 수평 축에는 속도를 표시하고, 수직 축에는 해당 속도를 갖는 아이들의 숫자를 표기하자. 어떤 그래프가 상상되는가?

만약 운동장에서 조회가 열려, 아이들이 움직일 수 없는 상황이라면, 속도가 0인 좌표에 피크가 하나 생길 것이다. 모든 아이가 운동장에서 손에 손을 맞잡고 강강수월래를 하면, 모든 아이가 특정한 속도 값을 가질 것이다. 또 자유롭게 내버려두면, 멈춰 있는 아이들은 속도 0에 분포해 있을 것이다. 또 걸어 다니는 아이들은 느린 속도에 뭉쳐 있고, 뛰어다니는 아이들은 빠른 속도 쪽에 분포해 있을 것이다.

무슨 얘기를 하고 싶은가 하면, 바로 이런 속도 분포를 위상 공간에서의 분포라고 보면 된다는 것이다. 사진을 찍는 것이 아이들의 공간 분포를 보기 위한 것이라면, 속도 공간에서의 그래프를 보는 것은 아이들의 운동 상태를 보여준다고 생각하면 된다.

다시 파동으로 돌아오자. 잔잔한 호수에 돌을 던져 수면파를 만들어보자. 이 수면파를 사진으로 찍어보면 동심원을 만들며 퍼져나가는 아름다운 물결을 볼 수 있다. 물론 동영상이 아니니 물결은 정지해 있다.

이때 사진 속 물결의 마루와 골을 세어보면, 우리는 쉽게 파수(wave number)를 계산해낼 수 있다. 그런데 얼마나 빨리 물결이 오르락 내리락 하는지는 사진 속에 정보가 담겨 있지 않다. 이를 알기 위해서는 동영상을 찍어야 한다. 동영상을 찍고, 화면 속에 어느 한 지점을 정해야 한다. 그 점에서 물결이 올라갔다 내려왔다 하는 횟수를 세어 시간으로 나눠야 한다.

이렇게 얻을 수 있는 정보는 진동수 frequency, v 또는 각진동수 angular frequency, $\omega=2\pi v$ 다. 이렇게 파수와 진동수를 모두 측정하면 그제야 파동의 성격이 파악되는 것이다. 즉 파동의 성격을 알기 위해서는 파수 공간과 진동수 공간이라는 위상 공간에서의 분포를 봐야 한다는 이야기다.

밧줄 놀이

이제 파동함수 하나를 생각해보자. 동심원을 그리는 물결 무늬를 생각해도 좋고, 기타 줄을 튕길 때 생기는 현의 진동을 그려봐도 좋다. 여기서는 두 사람이 긴 밧줄을 잡고 양쪽에서 서로 흔들어 생기는 파동을 생각해보겠다.

위의 그림에 나타나는 파동을 보면 마루와 골이 여러 번 반복된다. 따라서 마루와 마루 사이, 또는 골과 골 사이를 여러 번 측정한 다음, 마루와 골이 나타난 횟수로 나누어보면, 정확하게 파장을 측정할 수 있다.

파장을 정확하게 측정한다는 이야기는 파수를 정확히 측정한다는 뜻이다. 위의 그림에서 두 사람이 떨어진 거리가 1m라 하면 5개의 파장이 들어 있으니, 파수는 10π/m로 계산된다.

그럼 이 파동을 입자로 해석한다면, 입자의 위치는 어디일까? 이 경우 입자는 밧줄 사이 어디에 있는지 특정할 수 없다. 입자는 두 사람 사이 어딘 가에 골고루 분포한다고 볼 수밖에 없다.

이번에는 두 사람이 밧줄을 팽팽히 잡고 있다가 한 사람이 한번만 흔들었다 놓는다. 아래와 같이 생긴 솔리톤을 만들어 상대방에게 전달하는 경우를 생각해보자.

이 경우는 입자를 표현하는 솔리톤의 위치는 비교적 정확하게 알 수 있다. 솔리톤의 중심 위치를 입자의 위치로 해석하면 된다. 그런데 이 솔리톤의 파장은 어떻게 측정할 수 있을까? 마루와 마루가 여러 번 나타나야 정밀하게 파장을 측정할 수 있는데, 솔리톤의 경우에는 마루가 한 번밖에 안 나타나기 때문이다. 따라서 파장을 정확히 계산할 수가 없다.

다른 말로 해보자. 파수를 측정하기 위해, 단위 길이당 몇 개의 파장이 들어 있는지를 세보아야 한다. 그런데 위의 그림과 같이 한 파장이 완성이 안 되어 있으므로 파수를 짐작하기가 힘들다는 것이다.

그림의 솔리톤의 경우 1m에 0.5개의 파가 들어 있다고 말할 수 있을까? 파수를 정밀히 측정하려면, 아주 긴 줄에 가급적 많은 양의 완성된 파장이 들어 있어야 k값을 얻어낼 수 있다. 따라서 솔리톤의 경우는 파수를 잘 측정할 수 없다.

마지막으로 한 사람이 짧게 여러 번 빠르게 밧줄을 흔들어 파속을 만들어 보낸다고 하자. 이 경우는 파속의 위치도 대략 알 수 있지만, 파속에 들어 있는 파의 개수도 적당히 셀 수 있다. 그러므로 k값도 대략 얻어낼 수 있다.

파동의 모양에 따라 달라지는
위치의 불확정도와 파수의 불확정도

이제 이 논의를 정리해보자. 우선 아래와 같이 물결같이 생긴 파동이 한 입자의 물리적 상태를 기술한다고 하면, 이 입자의 위치는 특정할 수가 없다. 즉 $\Delta x \to \infty$이 된다. 하지만 이 경우 파수(k)는 정밀하게 셀 수 있다($\Delta k \to 0$).

⊙ 위치는 정하기 힘들고($\Delta x \to \infty$) 파수는 잘 정할 수 있는($\Delta k \to 0$) 파동

다음으로 아래와 같은 솔리톤의 경우에는 입자의 위치는 명확히 눈에 보이므로 $\Delta x \rightarrow 0$이란 걸 알 수 있다. 그러나 파수는 정밀하게 측정하는 것이 불가능하여 $\Delta k \rightarrow \infty$ 가된다.

⊙ 위치는 정하기 쉽고 ($\Delta x \rightarrow 0$) 파수는 정하기 힘든 ($\Delta k \rightarrow \infty$) 파동

마지막으로 파속의 경우에는, 위치도 어렴풋이 알 수 있다. $\Delta x > 0$, 파수도 대략 셀 수 있어 $\Delta k > 0$을 얻게 된다. 이 둘을 합쳐 생각하면, $\Delta x \cdot \Delta k > 0$를 얻는다.

⊙ 위치와 파수, 둘 다 애매하게 정할 수 있는 파속인 경우 ($\Delta x \cdot \Delta k > 0$)

위치와 운동량 간의 불확정성 원리

드브로이의 물질파 공식은 운동량과 파장 간의 관계식이다 ($\lambda = \dfrac{h}{p}$). 파수는 파장의 역수 ($k = \dfrac{2\pi}{\lambda}$)인 관계가 있으므로, 드브로이의 식은 달리 쓰면 다음과 같다.

$$p = \frac{h}{\lambda} = \hbar \frac{2\pi}{\lambda} = \hbar k$$

즉 파수는 운동량에 비례하므로, 파수를 측정하는 것은 곧 운동량을 측정하는 것이다. 따라서 위치의 불확정도와 파수의 불확정도 사이의 관계는 곧 위치의 불확정도와 운동량의 불확정도로 해석할 수 있다.

따라서 파동의 모양에 따른 위치와 운동량의 불확정성을 다음의 표로 정리할 수 있다.

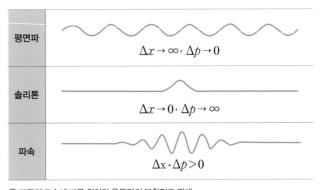

⊙ 파동의 모습에 따른 위치와 운동량의 불확정도 관계

한 걸음 더 $\frac{1}{2}\hbar$의 기원

불확정성 원리를 나타내는 식은 $\Delta x \cdot \Delta p \geq \frac{\hbar}{2}$이다. 위치와 운동량의 불확정도의 곱이 $\frac{\hbar}{2}$보다 크다는 것이다. 다른 말로 두 불확정도 곱의 최소값이 $\frac{\hbar}{2}$이란 것이다.

이 최소값은 어디서 온 것일까? 답부터 말하면 이는 하이젠베르크의 행렬역학에서 나오는 위치와 운동량의 교환 관계식인 $xp - px = i\hbar$에서부터 나온 것이다.

불확정도는 통계학에서 다루는 표준편차(σ)라 보면 된다. 참고로, 어떤 변량 x가 있고, 이 변량의 평균값을$\langle x \rangle$라 할 때, 표준편차(σ)는 $\sigma = \sqrt{\langle x^2 \rangle - \langle x \rangle^2}$으로 정의된다(고등학교 선택 과목인 확률과 통계에 나온다).

계산을 간단하게 하기 위해 위치와 운동량의 평균값을 각기 0인 경우($\langle x \rangle = 0, \langle p \rangle = 0$)를 생각하면, $\sigma_x^2 = \langle x^2 \rangle$가 되고, $\sigma_p^2 = \langle p^2 \rangle$이 된다. 코시-슈바르츠 부등식Cauchy-Schwarz inequality을 쓰고, 하이젠베르크의 위치-운동량 관계식을 적용하면 다음을 얻을 수 있다.

$$\sigma_x^2 \sigma_p^2 = \langle x^2 \rangle \langle p^2 \rangle \geq \left| \frac{\langle xp \rangle - \langle px \rangle}{2i} \right|^2 = \frac{\hbar^2}{4}$$

양변에 제곱근을 취하면 다음과 같이, 위치와 운동량 간의 불확정성 원리를 나타내는 식을 유도할 수 있다.

$$\Delta x \cdot \Delta p = \sigma_x \sigma_p \geq \frac{\hbar}{2}$$

코펜하겐 해석

1926년 슈뢰딩거 방정식이 나오고 보른의 확률 해석이 받아들여지면서 파동역학은 제대로 된 양자역학의 모습을 갖게 되었다. 이로써 고전적인 입자는 파동성과 입자성을 동시에 갖는 파동함수, 즉 양자 상태로 인식되기 시작했다.

당시 양자역학을 세운 일련의 과학자들은 거의 모두 보어의 본거지인 코펜하겐의 이론물리연구소를* 들락날락하며 새롭게 만들어진 양자역학에 대한 열띤 토론에 참여하고 있었다.

수많은 토론을 통해 그들이 찾아낸 양자역학의 의미는 자

---

* 당시 물리학자들은 코펜하겐 대학교 이론물리연구소를 그냥 '닐스 보어 연구소'라 불렀다. 공식적으로 연구소가 '닐스 보어 연구소'란 이름을 갖게 된 것은 1965년부터였다.

못 신비로웠다. 그들이 도달한 양자역학의 해석을 보통 코펜하겐 해석Copenhagen Interpretation이라 부르는데, 이를 정리하면 다음과 같다.

- **파동함수와 확률** 양자 상태는 파동함수로 표현된다. 물리적 입자가 존재하여 특정 위치에 특정 운동량을 가지고 존재하는 것이 아니고, 입자는 파동의 성격을 가진 확률적 존재로 인식되야 한다. 그리고 그 확률은 파동함수의 제곱으로 표현된다.
- **중첩과 파동함수 붕괴** 측정이 행해지기 전까지, 모든 가능한 양자 상태는 중첩되어 있다. 측정이 수행되면, 파동함수는 특정한 하나의 고유 상태로 결정되며, 측정값이 얻어진다. 즉 측정이 중첩된 파동함수를 붕괴시킨다.
- **상보성 원리** 미시적 대상은 파동적 성질과 입자적 성질을 동시에 지닌다. 이 두 성질은 보완적이라 한 가지 성질을 관측하면 다른 측면의 성질은 볼 수 없게 된다.
- **물리적 실재** 측정되지 않는 상태는 물리적 '실재'가 아니다. 파동함수 역시 물리적 실재가 아니다. 오로지 측정을 행할 때 물리적 실재가 드러난다.
- **예측 불가능성** 양자 상태의 미래와 측정 결과를 예측하는 것은 불가능하다.

코펜하겐 해석은 무슨 법조문과 같이 몇 조, 몇 항, 이런 식으로 성문화된 것은 아니다. 학자들에 따라 더 간결하게 표현하는 경우도 있고, 내용을 더 확대하고 구체적으로 나누어 길게 설명하는 경우도 있다. 어쨌든 양자역학의 정통 해석이라 불리는 코펜하겐 해석이 확립된 것은 1927년이라 할 수 있다.[*]

한 걸음 더 진공은 무(無)로 채워져 있지 않다

진공을 만들어보자. 먼저 투명 아크릴판을 사서 정육면체를 만든다. 거기에 구멍을 뚫어서 진공 펌프를 연결하고, 박스 안에 들어 있는 모든 공기를 다 뽑아낸다. 박스 안에 어떠한 원자도 남아 있지 않은 상태가 되면, 이를 '진공'이라 부른다.

즉 공간은 존재하되, 그 안에 아무것도 없는 게 진공이다. 하지만 엄밀하게는 물질이 없다고 진공인 것은 아니다. 왜냐하면 불확정성의 원리 때문이다.

불확정성의 원리는 어떤 입자의 위치 불확정도(Δx)와 운동량 불확정도(Δp)를 곱한 값이 0이 될 수 없다는 것으로, 수식으로는 $\Delta x \cdot \Delta p \geq \frac{1}{2}\hbar$로 표현한다. 똑같은 관계가 시간의 불확정도(Δt)

---

[*] 1920년대 말, 당시의 물리학자들이 스스로 '코펜하겐 해석'이란 이름을 만들어 사용한 것은 아니다. 이는 1950년대 하이젠베르크의 저서에서 처음 언급되면서 널리 사용되기 시작했다고 한다.

와 에너지의 불확정도 사이에도 존재하여, $\Delta t \cdot \Delta E \geq \frac{1}{2}\hbar$도 성립한다.

이제 진공 상태를 관찰하기 위해 카메라로 동영상을 찍어보자. 보통의 카메라는 초당 20여 프레임을 촬영하므로 동영상 속 사진들이 가진 시간의 불확정도 Δt는 $\frac{1}{20}$초 정도가 될 것이다. 그러면 에너지의 불확정도는 $\Delta E \geq 10^{-33}$J이란 계산이 나온다. 사실상 에너지 불확정도는 0이란 것이고, 달리 말하면 관측한 에너지 값에는 변화가 없다는 얘기다. 즉 완벽하게 에너지가 보존된다는 것이다.

초고속 카메라로 진공을 찍으면 어떨까? 상상하기 힘들지만 10^{-34}초의 간격으로 진공을 촬영한다고 해보자. 그러면 대략 에너지 불확정도가 1J(줄) 정도가 된다. 다른 말로는 1J 정도는 에너지 보존법칙이 지켜지지 않아도 된다는 것이다. 즉 이 짧은 시간 동안은 진공 속에 1J 정도의 에너지가 생겨도 아무런 문제될 게 없다는 것이다.

1J의 에너지는 거시 세계에서는 큰 에너지가 아니다. 하지만 전자와 양전자가 쌍으로 만들어지기 위한 에너지가 1 MeV(백만전자볼트) 정도임을 고려해보면, 1J은 1조 개가 넘는 전자와 양전자 쌍을 만들어 낼 수 있는 에너지다. 다른 말로, 진공은 아주 짧은 시간 동안 전자와 양전자로 가득 찬 공간이라 할 수 있다.

더 나아가, 시간의 불확정도가 소위 '플랑크 시간'이라 불리는 5×10^{-44}초 정도면, 에너지의 불확정도는 10^9J 정도가 된다. 이 정도 에너지는 온도로 환산하면 10^{32}K(켈빈)으로, 우주가 빅뱅으로 만들어진 직후의 온도에 해당한다.

우리 우주가 아무것도 없는 곳에서 양자 요동에 의해 시작됐다는 논거는 바로 하이젠베르크의 불확정성의 원리에서 나온 것이다.

7부
전자는 자전하는가?

뉴턴 역학이란 무대 위의 주인공이 힘과 질량이라면,
전자기학에선 장과 전하가 무대 위의 주인공이다.
그럼 양자역학이란 무대 위의 주인공은 누구일까?
무엇보다 양자역학에선 앞의 두 무대에 등장하지 않은
새로운 주인공이 있다. 그건 바로 스핀이다.
스핀은 고전역학의 회전 각운동량과 흡사하지만,
연속적인 값을 갖지 않고 플랑크 상수에 비례하는 양자화된
값을 갖는다. 무엇보다 중요한 점은 스핀이 운동량이나
에너지와 같이 입자의 운동에 관련된 물리량이 아니라,
질량이나 전하처럼 입자의 고유 성질이란 것이다.

볼프강 파울리(Wolfgang Pauli, 1900~1958)

원자는 자석이다

이제 어느 정도 양자역학의 개념을 파악해보았으니, 다시 원자 이야기로 돌아가보자. 보어의 원자 모델에 따르면, 원자의 정가운데에는 무거운 원자핵이 자리잡고 있고, 그 주위를 전자가 뱅글뱅글 돌고 있다. 특이한 점이 있다면, 전자의 궤도 각운동량이 양자화된 값만을 가질 수 있다는 것이다. 전자는 정상파 조건을 만족시키며, 아래 그림과 같은 특정 반지름의 원궤도를 돈다.

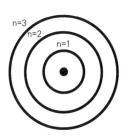

● 앙페르 법칙에 따르면, 고리 모양을 한 전류는 자기장을 만든다.

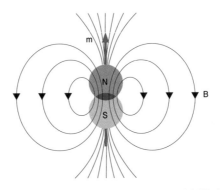

● 보어의 모델에 따르면 원 운동을 하는 전자는 고리 전류를 만들어 자성을 갖게 한다.
따라서 원자는 그 자체로 아주 작은 자석이라 할 수 있다.

한편, 전자는 전하를 가지고 있으니까 전자가 이렇게 원궤
도를 따라 돌면, 이는 마치 고리 모양으로 생긴 전선을 따라
도는 전류라고 생각할 수 있다. 그렇다면 앙페르 법칙Ampère's

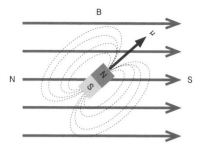

law에 따라* 전류 방향에 수직한 방향으로 자기장이 형성될 것이다. 특히 이렇게 고리 모양을 한 전류의 경우에는 고리면의 수직한 방향으로 N극과 S극을 갖는 자석이 만들어지게 된다. 따라서 원자는 그 자체로 아주 작은 자석이라 할 수 있다.

만약 원자가 자석이라면 어떤 일이 벌어질까? 위의 그림을 보자. 화살표는 자기장을 뜻하고, 방향은 N극에서 S극을 향한다. 이 자기장 속에 원자를 가져다놓으면, 원자 자체가 아주 작은 자석이므로, 외부 자기장에 의해 회전하려는 힘을 받는다. 이는 나침반이 지구 자기장에 의해 회전하는 것과 같은 이치다.

이렇게 무언가를 회전시키려는 힘을 물리에서는 '토크'라

---

* 앙페르 법칙은 전류와 자기장 사이의 관계를 설명하는 전자기학의 기본 법칙으로, 도선에 전류가 흐르면 그 주변에 자기장이 생성된다는 것을 말해준다.

고 부른다. 따라서 원자가 진짜로 작은 자석이라면, 원자는 자기장 속에서 토크를 받아 회전하게 될 것이다.

원자 자석의 각운동량을 측정해보자

한편, 보어의 모델에 따르면 전자의 궤도 각운동량은 양자화되어 있다. 그렇다면, 원자 자석의 크기도 양자화되어 있을 것이다. 이렇게 원자가 실제로 양자화된 각운동량을 갖는지를 알아보고자 수행됐던 실험이 바로 슈테른Otto Stern, 1888~1969과 게를라흐Walther Gerlach, 1889~1979가 1922년에 수행한 실험이다.[26]

슈테른과 게를라흐는 은Ag을 고온으로 가열해 기화된 은 원자 기체를 만들고, 은 원자가 자기장 속을 통과하여 스크린에 달라붙게 하는 실험 장치를 고안했다. 슈테른과 게를라흐는 은 원자가 양자화된 각운동량을 가지고 있으면 자기장속에서 똑바로 서거나 뒤집어질 것이므로, 이를 관측하고자 했던 것이다.

슈테른과 게릴라흐의 실험의 천재적인 요소는 N극 자석은 뾰족하게 만들고, S극 자석은 움푹 들어간 요철 구조로 이극 자석dipole을 만들었다는 것이다. 그런데 왜 요철 모양으로 자석을 만들었을까? 그것은 자기장이 뾰족한 N극에서 출발할 때는 조밀한 자기력선을 갖는 반면, S극에 도달할 때는 성긴 자기력선을 갖게 되어 비균질한 자기장 분포를 만들 수 있었기 때문이다.

그런데 비균질한 자기장을 만든 것이 왜 천재적이었다는 것일까? 이유는 간단하다. 비균질 자기장 속에서 원자 자석은 회전할 뿐만 아니라, 원자 자석의 방향에 따라 자기력선이 더 조밀한 방향으로 끌려가거나 더 성긴 대로 끌려가려는 힘을 받기 때문이다.

따라서 원자 자석이 양자화된 크기와 방향성을 갖는다면, 원자는 비균질 자기장을 지나가면서 회전한 뒤, 원자 자석의 방향에 따라, N극 또는 S극으로 끌려가는 힘을 받게 될 것이다. 그러면 원자 자석들은 두 갈래로 갈라질 것이고, 이는 곧 공간양자화를 눈으로 보여주는 결과였다.

그럼 슈테른-게를라흐 실험을 자세히 들여다보자. 먼저 다음 그림을 보자.

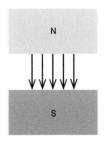

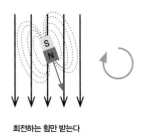

회전하는 힘만 받는다

이 그림에선 균일한 자기장 안에 놓인 원자 자석을 그려
놓았다. 이 경우엔 원자 자석은 회전하는 힘, 즉 토크만 받는
다. 하지만 비균질한 자기장 속에 원자 자석을 놓은 경우를
그려보면 다음과 같다.

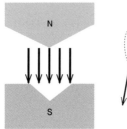
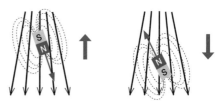

회전뿐 아니라 끌려가는 힘도 받는다

원자 자석은 회전하는 토크뿐 아니라, 자기장의 방향과
원자 자석의 방향에 따라 서로 다른 끌려가는 힘을 받는다.
따라서 원자 자석을 내버려두면, 원자 자석의 최초 방향에
따라 끌려 올라가는 원자와 밑으로 내려오는 원자로 양분될
것이다.

이제 원자 자석을 한쪽 방향으로 쏘아 비균질 자기장을
통과시키는 실험을 해보자. 만약 최초에 원자 자석의 방향
이 랜덤했다면, 원자 자석이 위아래로 받는 힘도 그때그때
달라지기 때문에 스크린에 도달한 원자들은 위아래로 퍼져
있을 것이 예상된다.

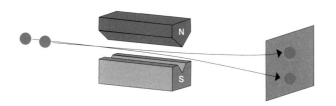

　반면, 최초의 원자 자석의 방향이 양자화되어 위아래 두 방향만 가질 수 있다면 어떻게 될까? 이 경우에는 스크린에 도달하는 원자들이 두 갈래로 갈라질 것이다. 바로 이것이 슈테른-게를라흐 실험이 공간양자화를 검증한 원리다.

　실제 실험 결과는 어땠을까? 슈테른과 게를라흐가 1922년에 발표한 논문에 실린 그들의 실험 결과는 다음 그림과 같다.[27] 이것으로 슈테른과 게를라흐는 은 원자의 각운동량이 양자화되어 있다는 것을 보여주었고, 각운동량의 공간 양자화를 입증했다.

　슈테른은 이 실험 방법을 개발한 공로와 양성자의 자기 모멘트를 측정한 공로로 1943년 노벨상을 수상했다. 게를라

흐는 수상자 명단에 빠져 있었는데, 나치 독일의 우라늄 프로젝트에 참여했던 경력 때문인지는 확실하지 않다.

한 걸음 더 슈테른-게를라흐가 관찰한 것은 스핀이었다

슈테른 게를라흐 실험에는 대 반전이 있다. 이 실험을 통해 관측했던 것은 은 원자의 궤도 각운동량의 양자화가 아니었던 것이다. 아니, 그럼 입술 모양으로 갈라진 선은 무엇이었던 것일까? 이는 은 원자의 전자 배치도를 보면 명확해진다.

은은 원자번호 47번으로 $(1s^2)(2s^2 2p^6)(3s^2 3p^6 3d^{10})(4s^2 4p^6 4d^{10})5s^1$ 의 전자 배치를 갖는다. 즉 4층까지 전자가 꽉 차 있고, 최외각 5층에 전자 1개가 있는 구조다($5s^1$). 오비탈 s는 각운동량이 0이므로 당연히 은 원자의 궤도 각운동량에 의한 공간 양자화를 측정했던 것이 아니었다.

사실 슈테른-게를라흐 실험이 보여줬던 것은 바로 전자의 스핀이었다. 오비탈에 있는 전자는 스핀이 위, 아래 2가지 방향이 있어, 이 스핀에 의해 은 원자가 갈라졌던 것이다.

그렇다고 해서 노벨상을 잘못 준 것은 아니다. 1943년 슈테른이 받은 노벨상은 엄밀히는 슈테른-게를라흐 실험과 그 결과에 준 것이 아니었다. 스핀을 측정할 수 있는 실험 방법의 개발과 양성자 자기 모멘트의 측정을 기린 것이었다.

2인 1실 배정입니다

원자 속 전자의 배치와 파울리의 배타 원리

보어-조머펠트의 원자 모델에 따르면, 주양자수가 n일 때, 궤도양자수 k는 1부터 n까지의 값을 가질 수 있다. 그러므로 가능한 궤도의 개수는 $n \times n = n^2$이 된다. 수소 원자의 경우에는 전자 1개가 n=1인 상태에 있으면 바닥 상태에, n이 1보다 큰 상태에 있으면 들뜬 상태에 있다고 말한다.

전자가 외부에서 빛 에너지를 흡수하면 높은 에너지 준위로 올라간다. 높은 에너지 준위에 있던 전자가 더 낮은 에너지 준위로 내려갈 땐 빛 에너지를 방출한다. 이런 식으로 수소 원자 스펙트럼을 잘 설명할 수 있다.

수소 말고 다른 원자에도 보어의 원자 모델을 적용할 수 있을까? 예를 들어 헬륨의 경우를 생각해보자. 헬륨의 원자핵은 양성자 2개와 중성자 2개로 구성되어 있다. 따라서 전하량이 수소에 비해 2배다. 그러니 전자를 끌어당기는 힘도 2배가 될 것이다. 바닥에너지는 수소의 -13.6 eV보다 더 낮을 것이고, 궤도 반지름도 더 작을 것이 예상된다.

하나 더 예를 들어, 원자 번호 3번인 리튬(Li)을 생각해보자. 리튬의 원자핵은 양성자가 3개이니 헬륨보다 더 강하게 전자를 끌어당길 것이다. 그러니 바닥 상태의 에너지 준위는 더 낮고, 궤도 반지름은 더 작을 것이다.

뭔가 이상하지 않은가? 그럼 이 세상에서 수소 원자가 제일 크고, 원자번호가 큰 무거운 원자일수록 더 작아진다는 말인가?

이번에는 전자를 생각해보자. 헬륨의 경우, 전자가 2개다. 이 두 전자는 둘 다 원자핵 가까이에 있으려고 할 것이다. 그러니 n=1인 바닥 상태에 2개의 전자가 모두 내려가 앉아 있을 것이 예상된다.

리튬의 경우도 마찬가지다. 3개의 전자가 모두 n=1인 상태로 내려가 있는 것이 제일 안정된 에너지 상태일 것이다. 우라늄 원자쯤 되면, 엄청나게 작은 바닥 궤도 위에 전자가 92개나 빽빽하게 모여 있는 그림이 된다.

이 또한 뭔가 이상하다. 전자들은 서로 모두 음전하를 가지고 있어, 서로 뭉치려고 하지 않을 것이다. 이를 고려하면 작은 궤도에 그 많은 전자를 밀어 넣는 것은 쉽지 않을 것 같다.

원소 주기율표를 보면 원자들은 수소와 헬륨 다음에는 8개 원소의 주기로, 또는 18개 원소의 주기로 같은 성질을 가진 원자들이 가족을 형성하고 있다. 예를 들면, 2번 헬륨 He, 10번 네온Ne, 18번 아르곤Ar, 36번 크립톤Kr, 54번 제논Xe, … 등이 비활성 원소 가족을 이루고 있다. 다른 원소들도 끼리끼리 가족을 만든다. 한 가족 식구들의 화학적 성질이 비슷하다는 것은 이온화 성질이 비슷하다는 것이다. 이는 원자 속 전자의 배치가 유사하다는 것이다.

이런 상황에서 1923년 독일의 물리학자 알프레트 란데 Alfred Landé, 1888~1976는 몇몇 전자들이 원자핵에 가까운 내부 궤도를 채우고, 나머지 몇 개의 전자가 외부 궤도를 공전한다는 가정을 세웠다. 이런 가정을 세우면 원소들의 주기를 쉽게 설명할 수 있었기 때문이었다. 같은 시기 영국의 물리학자 애드먼드 스토너Edmund Stoner, 1899~1968는 궤도마다 일정한 양의 전자만 들어갈 수 있다는 제한을 두면 원소주기율을 설명할 수 있다고 제안했다.

스토너의 제안은 궤도당 전자의 개수를 2개로 한정하는 것이었다. 그러면, n=1인 궤도에는 전자가 2개, 그다음 n=2인 경우는 궤도의 개수가 n^2으로 4개이므로, 8개의 전자가 들어간다. 그다음 n=3인 경우에는 궤도가 총 9개이므로, 전자가 18개나 들어 갈 수 있다.

이는 원소 주기율표에서 나타나는, 2, 8, 18의 주기와 잘 일치한다. 그러니 이유는 알 수 없지만 궤도당 2개의 전자가 들어간다는 규칙을 만들면 원소 주기율표를 잘 맞출 수 있었다.

그런데 왜 궤도당 2개의 전자가 들어갈까? 파울리는 전자가 궤도 운동과 상관없이 그 자체로 별도의 양자수를 가지고 있고, 이 양자수가 2개의 값을 갖는다고 생각했다. 그러면 자연스럽게 궤도당 $2n^2$의 전자가 들어갈 수 있다.

파울리는 더 나아가, 전자가 바닥 준위부터 차곡차곡 쌓여 껍질을 채워나가는 데는, 모든 전자가 각기 다른 양자수를 가져야 한다는 모종의 법칙이 있을 것이라 생각했다. 다른 말로는 동일한 양자 상태에 여러 개의 전자가 들어갈 수 없다는 법칙이 필요하다는 것이다.[28] 이를 '파울리의 배타 원리'라고 한다.*

파울리는 구체적으로 왜 궤도당 2개의 전자가 가능한지를 물리적으로 설명하지는 못했다. 다만 원인은 모르지만,

---

* 원래 독일어로 '파울리의 배제 법칙' 또는 '파울리의 금지 법칙'이라 불렀는데 영어로는 exclusion으로 번역되고, 우리 말로는 '배타 원리'로 명명되었다.

전자 내부에 2개의 값two valued을 갖는 어떤 성질이 있을 것이라 생각했다.

제이만 효과

배타 원리를 적용한 보어의 원자모델이나 슈뢰딩거 방정식을 쓰면, 수소 원자뿐 아니라 다른 원자들의 복사 스펙트럼도 대략 설명할 수 있다. 여기서 '대략'이라는 수식어를 넣은 것은, 정밀하게는 복사 스펙트럼을 제대로 설명하지 못하기 때문이다.

1896년 네덜란드 물리학자 제이만Pieter Zeeman은 원자의 복사 스펙트럼 선이 자기장 속에서는 여러 갈래로 갈라져 나온다는 것을 발견했다. 그리고 이를 '제이만 효과'라고 불렀는데, 원자 모델이 나오기 전까지는 스펙트럼이 갈라지는 이유를 아무도 알지 못했다.

다음 그림에서 왼쪽은 평상시 원자 스펙트럼의 특정한 선하나를 보여준다. 오른쪽 그림은 자기장을 걸어놓고 스펙트럼을 관찰하면 나타나는 모습이다. 특정 파장을 갖는 빛이

자기장이 없을 때

자기장이 있을 때

3가지 서로 다른 파장의 빛으로 갈라짐을 알 수 있다. 왜 이런 일이 일어날까?

보어-조머펠트의 원자 모형을 생각해보면 이를 쉽게 이해할 수 있다. 예를 들어 n=2이고 k=1인 궤도에 있는 전자를 생각해보자. 이 경우 원자는 앞에서 설명한 바와 같이 궤도 각운동량에 의해 자기 모멘트를 가져, 원자 자석이 된다.

이 전자가 n=1인 궤도로 떨어진다고 생각해보자. 이 경우 자기장이 없을 때는 평상시와 같이 특정한 에너지를 내면서 n=2에 있던 전자가 n=1로 떨어질 것이다. 하지만 외부 자기장이 있는 경우에는 얘기가 달라진다.

원자 자석은 공간 양자화에 의해 3가지 방향을 가지므로, 외부자기장과의 방향에 따라 각기 서로 다른 에너지를 갖게 된다. 즉 n=2, k=1에 해당하는 에너지 준위가 세 갈래로 갈라진다. 따라서 n=1인 궤도로 떨어질 때 3가지 서로 다른 에

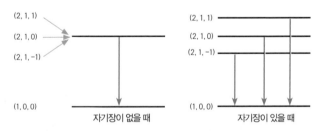

⊙ 자기장이 없을 땐 각운동량이 1인 경우라도 에너지가 모두 같아 하나의 복사 스펙트럼 선을 만든다. 하지만 자기장이 생기면, 원자의 자기 모멘트에 따라 3가지 에너지 준위로 나뉘어, 스펙트럼 선이 3개로 갈라진다.

너지를 갖게 된다.

그런데 제이만 효과는 이렇게 정확히 3개로만 갈라지는 것은 아니었다. 어떨 때는 1개의 선이 4개로 갈라지기도 하고, 어떨 때는 6개의 선으로 갈라지기도 했다. 이런 경우는 궤도 각운동량으로 간단히 설명할 수 없었기 때문에, 이를 '비정상 제이만 효과'라고 불렀다.

비정상 제이만 효과를 설명하기 위해서는 궤도 각운동량 말고, 뭔가 다른 각운동량이 있어야 했다. 예를 들면, 파울리가 생각했던 것처럼 전자가 새로운 양자수를 가져 2개의 양자 상태로 나뉘고 각각이 서로 다른 각운동량을 가진다면, 비정상 제이만 효과를 설명할 수 있었다. 즉 1개의 에너지 준위가 2개로 갈라지면, 아래 그림과 같이 4개, 6개 등 다양한 스펙트럼 선의 분화를 설명할 수 있게 된다.

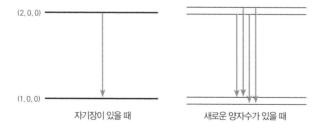

자기장이 있을 때 · 새로운 양자수가 있을 때

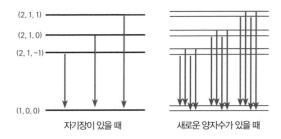

(2, 1, 1)
(2, 1, 0)
(2, 1, -1)

(1, 0, 0)

자기장이 있을 때　　　　　새로운 양자수가 있을 때

⊙ 각 에너지 준위에 있는 전자가 고유의 양자수(스핀)를 가지고 있으면, 각 에너지 준위가
2개로 갈라지면서, 비정상 제이만 효과가 나타난다.

스핀

비정상 제이만 효과를 설명하기 위해서는 전자가 궤도 각운동량 말고 별도의 각운동량을 가질 필요가 있다. 질량과 전하만 가진 기본 입자라 여겨졌던 전자가 어떻게 각운동량을 가질 수 있을까?

이 문제에 대한 기발한 해결책을 제시한 사람은 린데와 함께 일하던 크로니히Ralph Kronig, 1904~1995였다. 크로니히는 태양계에서 행성이 공전 운동을 하면서 동시에 자전 운동을 하듯, 원자 속 전자도 궤도 운동을 하면서 동시에 자전을 할 수 있을 거란 생각을 했다.

크로니히의 아이디어는 매우 단순했지만, 전자에 얽힌 궁금증을 일거에 해결할 수 있는 방법이었다. 우선 자전을 한다는 것은 각운동량을 갖는다는 것을 의미하고, 회전하는 방향에 따라 각운동량이 2가지 값을 가진다. 그러므로 두

가지 값을 갖는 양자수에 딱 어울렸다.

특히 전자는 전하를 띠고 있으므로 전자가 회전을 할 경우에는 전자 스스로 자기 모멘트를 가질 것이다. 즉 전자 자체가 자석이 된다는 이야기다. 그렇다면 자석의 방향과 외부 자기장의 방향에 따라 2가지 위치에너지를 가지므로, 비정상 제이만 효과를 바로 설명할 수 있었다.

크로니히가 파울리를 만나 자신의 아이디어를 소개한 것은 1924년의 일이었다. 하지만 파울리를 만나 자전하는 전자에 대해 얘기한 것은 실수였다. 크로니히의 설명을 들은 파울리는 아주 놀라운 아이디어라 칭찬했지만, 그것은 파울리가 뭔가를 무시할 때 쓰는 표현이었다.*

크로니히는 보어와 하이젠베르크에게도 자신의 아이디어를 소개했지만 대가들은 한결 같이 전자가 회전 운동을 한다는 것에 부정적이었다. 사실 크기가 없는 점 입자가 회전한다는 개념도 이상하지만, 전자를 적당한 크기를 가진 구라고 가정하고, 회전 운동을 통해 자기 모멘트를 갖게 하려면, 적도 부분의 회전 속도가 빛보다 빨라야 한다는 엉뚱한

---

* 물리학자들은 별로 놀랍지 않은 결과를 들을 때 "흥미롭다"라는 표현을 종종 쓴다. 독설가인 파울리는 뭔가 잘못된 것을 지적할 때 "틀린 것조차 아니다(not even wrong)"라고 습관처럼 얘기했다고 한다.

결과가 나오는 문제도 심각했다. 결국 크로니히는 자신이 낸 이 멋진 아이디어를 접고, 논문을 내는 것도 포기해버렸다.

신은 좋은 아이디어를 한 사람에게만 허용하지는 않았다. 크로니히가 자신의 아이디어를 포기한지 얼마 지나지 않아, 네덜란드의 호우드스미트Samuel Goudsmit, 1902~1978와 울렌벡 George Uhlenbeck, 1900~1988은 크로니히와 똑같은 아이디어에 도달했다.

그들의 지도교수 격인 에렌페스트는 회전하는 전자에 대한 이 둘의 계산을 들여다보고는 논문으로 제출하면 좋겠다는 의견을 냈다. 문제는 여전히 회전하는 전자라는 개념 자체에 있었다. 호우드스미트와 울렌벡이 조언을 구하고자 로렌츠에게 그들의 논문 드래프트를 보여주자, 역시 빛보다 빠른 전자 표면의 회전 속도가 문제가 되었다. 실망한 둘은 에렌페스트에게 돌아가 논문의 문제점을 이야기했지만, 이때는 이미 에렌페스트가 논문을 제출한 뒤였다.[29]

전자의 회전을 다룬 논문은 1925년 가을에 출판되었다. 하이젠베르크의 행렬역학이 발표된 후였고, 슈뢰딩거 방정식은 아직 발표되지 않았지만, 새로 나온 양자역학에 대한 관심이 최고조에 달했을 때였다.

그해 겨울은 모두가 회전하는 전자에 대한 얘기로 가득찼다. 파울리는 크로니히 때와 마찬가지로 터무니 없는 주장이라 생각했다. 사실 본인도 모르게 스핀을 발견하고는 그것을 원자의 공간양자화로 생각했던 슈테른도 회전하는 전자에 대한 생각은 부정적이었다.

생각이 달랐던 것은 아인슈타인과 보어였다. 아인슈타인 역시 전자를 고전적인 회전으로 보지는 않았다. 하지만 그는 상대성이론의 원작자답게, 전자와 원자핵 간의 상대운동을 생각하면, 전자의 전기장이 자기장으로 해석될 수 있음을 지적했다. 이는 원자 속 전자가 그 자체로 자석의 역할을 할 수 있음을 의미했다.

보어는 역시 보어다웠다. 그는 전자의 회전을 굳이 고전역학적으로 해석할 필요가 없다고 주장했다. 미시 세계의 회전을 거시 세계의 고전역학으로 계산하는 것 자체가 잘못된 것이라는 생각이었다. 보어는 회전하는 전자에 대한 호우드 스미트와 울렌벡의 지지자가 되었고, 그들과 공동 논문도 썼다. 스핀이라는 이름을 쓰기 시작한 것도 보어였다.

스핀은 결국 보어의 말대로 고전적인 자전으로 보아서는 안되는 개념이었다. 오히려 아인슈타인이 지적한 대로, 전자를 움직이지 않는 기준계로 놓고, 원자핵이 전자 주변을 돈다고 가정할 때 자동적으로 나타나는 현상이었다. 스핀은 곧 양자역학에 들어 있는 상대론적 효과였던 것이었다.

결국 파울리조차도 얼마지나지 않아 스핀의 개념을 받아

들였고, 스핀은 당당히 주양자수, 궤도양자수, 자기양자수의 뒤를 잇는 제4의 양자수로 자리 잡았다.

스핀으로 센세이션을 일으킨 두 대학원생은 1927년 같은 날 박사학위를 받았고, 이후 물리학계에서 승승장구했다. 그렇다고 스핀이란 큰 발견으로 울렌벡과 호우드스미트가 훗날 노벨상을 받은 것은 아니다.

만약 노벨상까지 받았더라면, 두 사람보다 먼저 스핀이란 아이디어를 얻었지만 논문으로 발표하지 못했던 크로니히는 실망감은 더욱 컸을 것이다. 크로니히가 호우드스미트와 울렌벡보다 먼저 스핀에 대한 아이디어를 보어와 파울리에게 알리고 토론했던 것은 역사적인 사실이기 때문이다.

크로니히에게 미안한 마음을 가졌던 파울리는 크로니히에게 자신이 새로 부임한 취리히 대학에서 자신과 함께 일하자고 제안했다. 파울리의 위상을 생각하면 그것은 크로니히에게 주는 작은 보상이었다. 크로니히는 제안을 받아들여, 파울리의 조수가 되었고, 파울리는 크로니히를 항상 잘 대해줬다고 한다.

입자란 특정한 위치에 공간은 점유하지만 크기가 없는 존재다. 고전물리학에서는 질량은 가지고 있으면서 부피를 고려하지 않는 물체를 '질점'이라 부른다. 입자는 질량뿐 아니라 전하, 스핀 등 다른 물리량도 가지고 있으니, 질점보다는 더 확대된 개념이라 할 수 있다.

그런데 질점이든 입자든, 질량은 있는데 크기가 없다는 게 도대체 가능하긴 할까? 따지고 보면 말도 안 된다. 왜냐하면 질량은 있고 부피가 없다면, 밀도가 무한대란 말이기 때문이다.

질량은 있고 부피가 없다면 그 자체로 블랙홀이 된다. 그럼 모든 입자가 블랙홀이라는 결론에 도달한다. 그러니 고전적인 입자의 개념은 그 자체로 문제다.

다음으로 전자가 전하는 가지고 있는데 크기가 없다면 어떤 일이 벌어질까? 이 또한 문제다. 왜냐하면 전자의 전하 밀도가 무한대이기 때문이다. 그럼 전자가 만드는 전기장의 세기도 무한대가 된다.

그럼 전자 주변의 전기장 에너지도 무한대가 된다. 전자 주변에 무한대의 에너지가 있다는 것은 그 자체로 무한대의 질량을 뜻하고, 또다시 블랙홀이라는 결론에 도달한다.

마지막으로 스핀도 이상한 개념이다. 크기가 없는 입자에게 회전이란 무슨 뜻일까? 고전적으로는 크기가 없으면 각운동량을 계산하는 것도 불가능한 일이 된다.

그런데 이 모든 문제가 양자역학으로 가면 자동으로 해소된다. 양자역학에서 입자는 특정 위치를 점유하는 게 아니고 $\psi(x, t)$란 파동함수로 기술되는 시공간을 점유한다. 크기가 0이 아니란 것이다. 그래서 입자를 파동함수로 기술하면 질량, 전하, 스핀을 다 가져도 아무런 문제를 일으키지 않는다.

그리고 스핀을 굳이 고전적인 회전으로 해석할 필요도 없다. 파동함수에 들어 있는 $e^{i(\omega t - kx)}$이 복소 공간에서 회전을 뜻하지만, 이를 스핀과 엮어 생각하면 안 된다. 스핀은 그냥 질량과 전하와 같이 입자의 고유 성질이라 생각하는 편이 좋다.

8부

양자 전쟁

광양자설로 노벨상을 받은 아인슈타인은 초기 양자론 건설에 주요 기여자였다. 하지만 그는 양자역학의 확률론적 해석에는 회의적인 태도를 보였고, 무엇보다도 양자역학의 비결정성과 비국소성을 받아들이지 못했다. 양자역학을 놓고 벌인 아인슈타인과 보어의 설전은 오늘날까지도 과학사의 명장면으로 회자되고, 많은 물리학자에게 영감을 주고 있다. 아이러니하게도 아인슈타인의 비판은 양자역학의 이론적 기초를 더욱 단단하게 다지는 계기가 되었고, 양자 얽힘의 실험적 검증을 촉진시키면서 양자역학의 실용적 가치도 드높였다.

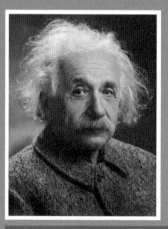

앨버트 아인슈타인(Albert Einstein, 1879~1955)

솔베이의 전투

1927년에 열린 제5회 솔베이 학회Congrés Solvay 는 과학사에 길이 남을 행사였다. 특히 이 학회에 참여한 학자들을 담은 단체 사진은 그 등장 인물만으로도 매우 유명하다. 원본은 흑백사진이지만, 언제부터인지 색깔을 입힌 컬러 사진도 돌아다니고 있다.

A. Piccard, E. Henriot, **P. Ehrenfest**, E. Herzen, Th. De Donder, **E. Schrödinger**, J.E. Verschaffelt, **W. Pauli, W. Heisenberg**, R.H. Fowler, L. Brillouin, P. Debye, M. Knudsen, W.L. Bragg, **H.A. Kramers, P.A.M. Dirac, A.H. Compton, L. de Broglie, M. Born, N. Bohr**, I. Langmuir, **M. Planck, M. Skłodowska-Curie, H.A. Lorentz, A. Einstein**, P. Langevin, Ch. E. Guye, C.T.R. Wilson, O.W. Richardson

사진 속에 나온 29명의 물리학자들 중에서 이 책에 소개된 인물만 보아도, 맨 앞줄 왼쪽에서 두 번째부터 막스 플랑크, 마리 퀴리, 헨드릭 로렌츠와 앨버트 아인슈타인이 보인다. 가운데 줄 왼쪽에서 네 번째부터 크라메르스, 폴 디랙, 아서 컴프턴, 루이 드브로이에 이어, 막스 보른과 닐스 보어가 보인다. 맨 뒷줄에는 왼쪽 세 번째에 에렌페스트, 여섯 번째에 에르빈 슈뢰딩거, 여덟 번째부터 볼프강 파울리와 베르너 하이젠베르크기 보인다. 사진 속 인물들 중 17명이 이미 노벨상을 받았거나, 이후 받은 물리학자들이니, 현대물리학을 만들어낸 인물들이 한군데 모여 있는 놀라운 사진이라 할 수 있다.

솔베이 학회는 벨기에의 기업가이자 화학자였던 에르네스트 솔베이Ernest Solvay, 1838~1922가 자비를 털어 과학 발전을 위해 개최하기 시작한 학회로, 1911년 브뤼셀에서 처음 열렸다. 이미 제1회 대회때부터, 아인슈타인과 플랑크가 초청되어 '복사와 양자'에 대한 토론이 이루어진 것으로 유명해졌다.

1913년 제2회 학회가 열린 뒤 얼마 지나지 않아 1차 세계대전이 일어나면서 한참 동안 학회가 열리지 못했다. 1921년에 되어서야 학회는 다시 재개되었지만, 세계대전의 여파로 학회는 독일 학자들을 초청하지 않았다.

1927년에 열린 제5회 대회에서는 학회 조직의 책임을 맡고 있었던 로렌츠가 전쟁이 끝난지도 한참 지났으니 다시 독일 학자들도 학회에 초청해야 한다고 주최 측에 요청했다. 그 덕분에 아인슈타인을 비롯한 독일 학자들도 대거 참여할 수 있었다.

제5회 학회의 주제는 '전자와 광자'였다. 그러나 1925년에 잇따라 발표된 행렬역학과 파동역학, 그리고 학회가 열리기 바로 직전에 발표된 양자역학에 대한 코펜하겐 해석이 주된 관심사였다.[*]

학회 단체사진에 나온 학자들은 저마다 최신 이론과 실험 결과를 발표했다. 그런데 알려진 바에 의하면, 가장 유명한 두 사람은 공식 발표는 하지 않았다고 한다. 그 두 사람은 바로 아인슈타인과 보어였다.

그렇다고 두 사람이 전혀 학회에서 발표를 하지 않은 것은 아니다. 왜냐하면 이 두 사람이 마지막 토의 세션에서 벌인 논쟁이 훗날 이 학회를 물리학사에 영원히 기록되게 만들었기 때문이다.

---

* 앞서 밝혔듯이 행렬역학, 코펜하겐 해석등의 용어는 훗날 사용된 용어다.

제1차 양자 전쟁

솔베이 학회가 열리기 직전인 1927년 9월에 이탈리아 코모호에선 전지를 발명한 볼타의 사망 100주기를 기리는 학회가 열렸다. 코모 학회는 솔베이 학회의 전초전과도 같았다. 보어뿐만 아니라, 보른, 드브로이, 컴프턴, 디바이, 페르미, 하이젠베르크, 로렌츠, 파울리, 러더퍼드, 조머펠트, 슈테른, 제이만 등이 참석했다.

코모 학회는 아인슈타인과 슈뢰딩거가 빠진 것 빼고는 솔베이 학회보다 더 많은 양자론의 대가들이 모인 학회였다. 코모 학회에서 전달한 보어의 메세지는 분명했다. 바로 코펜하겐 해석을 통해, 양자역학은 실용적으로 사용할 수 있는 완성된 학문임을 선언한 것이다.

솔베이 학회의 마지막날 토론 세션에서는 양자역학에 대한 그때까지의 해석을 정리한 보어의 발표가 있었다. 양자역학의 확률적 해석을 못 마땅하게 생각했던 아인슈타인이 마침내 질문을 던졌다.

알다시피 아인슈타인은 사고실험思考實驗, Gedankenexperiment 의 달인이었다. 사고실험은 상상과 논리를 통해 가상의 실험을 수행하여 문제를 분석하고 이론을 검증해보는 방법이다. 요즘 사용되고 있는 컴퓨터 시뮬레이션이 발전된 형태의 사고실험이라 할 수 있다. 아인슈타인은 칠판에 양자역학의 문제점을 드러낼 실험 장치 하나를 그리기 시작했다.

파동함수의 붕괴는 특수상대론과 정면 충돌한다

아인슈타인의 첫번째 사고실험 장치는 다음 그림과 같았다. 전형적인 슬릿을 이용한 회절 실험 장치였다.

전자는 왼쪽에서 오른쪽으로 슬릿을 향해 날아온다. 전자는 파동이므로 슬릿을 통과하면 회절을 일으킨다. 회절된 전자는 여느 파동과 마찬가지로 구면파를 형성하며 널리 퍼져나간다. 한편 이 사고실험 장치의 오른편 끝에는 형광 스크린이 설치돼 있다.

전자가 스크린이 도달하면 반짝이는 점 하나가 나타난다. 그 점의 위치를 A라 하자. 그런데 양자역학에 의하면, A점에

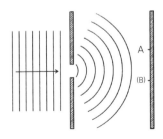

⊙ 아인슈타인의 사고실험. 전자가 A에서 발견되는 순간, 전자가 B에서 발견될 확률은 0으로 사라진다.

서 반짝이기 이전까지 전자의 파동함수는 스크린 전체에 퍼져 있었다.

그리고 스크린 각 지점에서 전자가 발견될 확률은 파동함수의 제곱으로 주어진다. 즉 스크린 전 영역에 걸쳐 전자가 발견될 확률은 골고루 존재했다는 것이다.

그런데 점 A가 반짝이는 순간, 즉 전자가 관측되는 순간, 갑자기 점 B에서 전자가 발견될 확률이 0이 된다. 파동이 입자로 관측되자마자 다른 장소에 존재했던 확률이 모두 0이 된다는 결과가 생기는 것이다.

아인슈타인은 보어에게 문제를 제기했다. A와 B에도 동시에 존재했던 전자가 어떻게 A에서 관측되는 순간에 B에 존재했던 전자는 즉각 사라질 수 있느냐는 질문이었다. A에서 전자가 관측됐다는 사실을 B가 어떻게 알고, 있었던 존재가 스스로 갑자기 사라질 수 있는가 하는 질문이었다.

이는 아인슈타인의 특수상대론을 부정하는 결과였다. A에서 나타나고, 동시에 B에서 사라진다는 것은 광속도를 넘어서는 정보의 전달 행위이기 때문이다.

상보성 원리를 위배하는 이중 슬릿 실험

아인슈타인은 또 다른 사고실험 장치도 소개했다. 다음 그

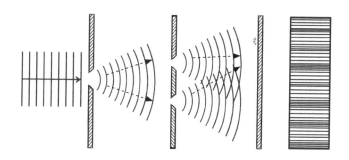

⊙ 아인슈타인의 사고실험. 전자가 첫 번째 슬릿을 통과할 때, 슬릿의 진동을 감지하면 전자가 어느 방향으로 움직이는지 결정할 수 있다. 이후 스크린에서 반짝이는 점을 관측하면, 전자의 궤적을 알아낼 수 있으므로, 전자의 입자성을 볼 수 있다. 간섭무늬는 파동성에서 나오므로, 입자성과 파동성 둘 다 관측할 수 있다.

림처럼, 회절을 일으키는 첫 번째 슬릿에 진동을 감지할 수 있는 장치를 매달아 전자가 슬릿의 어느 부분에 부딪히는 지를 측정하는 것이다. 즉 슬릿이 아래로 움직이면, 슬릿에 부딪힌 전자는 위로 튀고, 슬릿이 위로 움직이면 전자는 아래로 꺾여나가게 된다.

이렇게 되면, 회절된 전자가 두 번째 슬릿에서 윗구멍을 통과할지, 아랫구멍을 통과할지를 예측할 수 있다. 최종적으로 스크린에 반짝이는 점을 관측하게 되면 전자가 이동한 경로를 측정한 것이 된다.

이렇게 계속 측정을 해나가면, 매번 전자의 경로를 관측하면서도 최종적으로는 간섭무늬를 얻을 수 있다. 그러므로 입자성과 파동성을 동시에 다 본 것으로 여길 수 있다.

보어의 반격

아인슈타인의 공략에 보어는 난처해했다. 토론은 장소를 옮겨가며 계속됐다. 보어는 보어 나름대로 다른 사고실험을 통해 양자역학의 해석을 지키려 했다. 보어가 고민 끝에 고안한 사고실험 장치는 아인슈타인의 슬릿을 실험적 측면에서 좀 더 정밀하게 설계한 것이었다.

아인슈타인의 슬릿이 진동을 통해 전자의 반동 방향만 측정하는 것에 비해, 보어가 제시한 슬릿은 반동의 크기도 측정할 수 있는 계측 장치가 달려 있다는 점에서 달랐다.

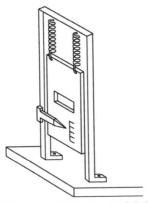

⊙ 보어의 사고실험 장치. 전자가 슬릿을 반사되어 회절될 때, 슬릿이 움직이는 정도를 측정할 수 있도록, 스프링과 눈금자를 설치해 반동의 크기를 잴 수 있다.

보어가 하이젠베르크가 즐겨 썼던 전형적인 '관측에 의한 교란'을 이용해 아인슈타인의 질문에 대답했다. 전자 하나 하나가 슬릿을 통과한 뒤에 어느 방향으로 향할지 그 위치를 알기 위해서는 슬릿과 충돌한 정도를 알아야한다.

그런데 슬릿이 움직인 정도를 측정하고 나면, 전자의 운동량이 바뀌게 되어 최초의 간섭무늬가 깨지게 되므로, 파동성을 볼 수 없게 된다는 논리였다.

즉 아인슈타인의 사고실험 장치에 슬릿의 운동을 측정하는 장치를 설치하는 순간 파동성이 깨지고 입자성만 나타난다는 주장이었다.

보어의 반격은 명쾌하지는 않았고, 아인슈타인과 보어는 서로를 설득하지 못한 채 제1차 양자전쟁은 그 상태로 마무리되었다.

제2차 양자 전쟁

그로부터 3년이 지난 1930년에 다시 솔베이 회의가 열렸다. 제 6차 솔베이 회의였던 이때의 주제는 양자역학이 아니었다. 하지만 학회는 아인슈타인과 보어에겐 3년 전 사고실험 논쟁의 연장전이었다.

아인슈타인은 또다시 새로운 사고실험을 들고 나왔다. 이번에는 하이젠베르크의 불확정성 원리를 직격했다. 불확정성 원리는 일반적으로 위치와 운동량 사이의 불확정성 관계($\Delta x \cdot \Delta p \geq \hbar/2$)를 말한다. 하지만 아인슈타인이 공략했던 불확정성은 시간과 에너지 사이의 불확정성 관계($\Delta t \cdot \Delta E \geq \hbar/2$)였다.

오른쪽 그림은 아인슈타인의 사고실험용 장치다. 스프링에 매달린 박스가 하나 있고, 그 안에 빛이 가득 차 있다. 이 박스에는 매우 정밀한 시계가 매달려 있다. 일정 시간이 되면 박스 옆구리에 설치된 셔터가 찰칵하고 정해진 시간만 열린다.

이론적으로 셔터가 열린 시간을 정밀하게 측정하는 데는 어떤 한계도 없으므로, 시간 측정의 불확정도는 $\Delta t \sim 0$이라 할 수 있다.

한편, 셔터가 열린 순간 동안, 빛 한 줄기가 빠져나가고, 그러면 빠져나간 빛의 에너지를 $E = mc^2$의 공식으로 환산한 만큼 박스의 질량은 줄어든다. 이 줄어든 질량 역시 스프링 저울만 아주 정밀하게 만들면 측정의 오차를 0으로 만들 수 있다. 그러면 질량 측정에 있어서의 불확정성은 $\Delta m \sim 0$이라 할 수 있다.

따라서 이런 실험 장치를 만들면 Δt와 Δm을 모두 0으로 가져갈 수 있다. 그러므로 시간과 에너지 사이의 불확정

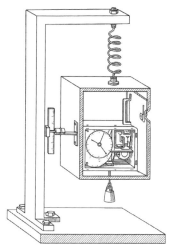

⊙ 아인슈타인의 광자 상자 개요도: 셔터가 열린 순간 동안 빛이 빠져나가고, 빠져나간 빛
에너지 만큼 줄어든 박스의 질량을 측정하는 장치. 셔터 시간과 저울의 정밀도만 한없
이 높으면 불확정성 원리를 깰 수 있다.

성 관계 $\Delta t \cdot \Delta E \geq \hbar / 2$가 성립하지 않는다는 것이 아인슈
타인의 주장이었다.

뜻하지 않게 아인슈타인의 광자 상자란 기발한 사고실험
에 일격을 당한 보어는 밤을 꼬박 새워 고민했다고 한다. 다
음 날 아침 보어는 아인슈타인이 제안한 광자 상자를 다시
그려가며 아인슈타인의 논거를 반박하기 시작했다. 보어는
또 다시 관측에 의한 교란을 가지고 나왔는데, 이번에는 아
이러니하게도 아인슈타인의 일반상대성이론을 사용한 반격
이었다.

우선 빛이 빠져나가면 광자 상자의 질량이 줄어드는 것까지는 맞다. 그런데 질량이 줄어들면 상자의 위치가 위로 조금 올라가게 되고, 그러면 중력의 크기가 바뀌게 된다. 중력이 달라지면 시간의 흐름도 달라진다는 것이 일반상대론의 결론이었다.

따라서 시간 측정에 요동이 생길 수밖에 없으니 질량의 측정과 시간의 측정은 상보적이고, 관측에 항상 교란이 있을 수밖에 없다는 논리다. 결국 Δt와 Δm을 둘 다 0으로 가져가는 것은 불가능하다는 것이 보어의 반박이었다.

사실 사고실험은 사고실험일 뿐, 사고실험의 결과가 한 이론을 입증하거나 틀렸음을 증명하는 데 사용될 수 있는 것은 아니었다. 그러니 아인슈타인과 보어의 논쟁은 승부를 내지 못하고 계속될 수밖에 없었다.

보어는 양자역학이 완성된 학문이라는 입장을 견지했고, 아인슈타인은 끝까지 코펜하겐의 양자역학은 불완전하며, 모종의 수정이 필요하다고 생각했다.

숨은 변수를 가진 이론

아인슈타인과 보어의 결정적인 인식 차이는 결국 물리적 실재를 입자성에 둘 것인가, 아니면 파동성에 둘 것인가에 있었다. 아인슈타인은 스크린에 나타난 입자가 분명 어떤 궤적을 따라 왔을 것이지, 파동함수로 전 공간에 존재하다가 갑자기 한군데서 입자가 나타나고, 다른 곳의 파동함수는 다 사라진다는 '파동함수의 붕괴'를 믿을 수가 없었다.

파동함수의 붕괴는 곧 광속도보다 빠른 원격작용이 일어난다는 것을 의미했고, 이는 곧 양자역학이 비국소적이란 것을 뜻했다. 인과율이 철저하게 지켜져야 한다고 생각했던 아인슈타인에게 비국소적인 양자역학은 이해할 수 없는 물리학이자, 잘못 설계된 물리학이었다.

여기서 '비국소적'이라는 어려운 말을 설명할 필요가 있겠다. 물리현상이 국소적이라는 말은, 한군데에서 일어난 사건이 즉각적으로 멀리 떨어진 곳에 영향을 미칠 수 없다는 것을 의미한다. 예를 들어, 서울에서 일어난 일이 즉각적으로 샌프란시스코에 영향을 미칠 수는 없는 일이다.

어떤 사건의 정보가 전달되기 위해서는 한정된 속도를 가진 매개체를 통해야만 하는데, 자연에 존재하는 매개체의 최대 속도는 광속도이기 때문에 시간차가 생길 수밖에 없다. 따라서 지구에서 일어난 일은 지구에 국한되지, 멀리 안드로메다까지 즉각적으로 영향을 미칠 수는 없다. 영향이 가기까지는 아무리 빨라도 250만 년이 걸리기 때문이다. 그래서 상대성이론에 따르면, 모든 물리 현상은 국소적이고, 원격작용은 불가능하다.

이해할 수 없는 양자역학을 쉽게 이해할 수 있는 방법은 없을까? 제5차 솔베이 학회에서 그 방법을 처음으로 제시한 사람은 드브로이였다. 드브로이의 아이디어는 간단했다. 물리적 실재는 입자성과 파동성을 상보적으로 갖고 있는 것이 아니라, 실제로 입자와 파동을 둘 다 가지고 있다는 주장이었다.

드브로이는 마치 물결 위를 떠다니는 나뭇잎 배와 같이, 입자도 파동 속에서 어떤 특별한 파일럿 파동(pilot wave)에 의해 끌려다닌다고 생각하면 양자역학을 쉽게 이해할 수 있다고 설명했다. 즉 파동 속 어딘가에 실제 입자가 들어 있지만, 입자의 위치를 담은 정보는 파동함수에는 나타나 있지 않고, 숨겨져 있다고 생각한 것이다.

이렇게 입자의 위치를 숨은 변수로 처리하면, 입자는 입자대로 파동속에 존재한다. 그래서 파동함수의 붕괴라는 받아들이기 힘든 개념을 쓰지 않고도 슬릿 실험에서 나타나는 입자의 발견과 간섭무늬의 생성을 설명할 수 있었다.

드브로이의 아이디어는 사실 그 전에 미국의 물리학자 존 슬레이터John Slater, 1900~1976가 이미 생각해냈던 것이었다. 슬레이터는 입자가 파동을 타고 어디든 확률적으로 이동할 수 있다고 보았다. 드브로이는 이를 발전시켜 파이럿 파동과 숨

은 변수란 개념을 도입하여, 이해 가능한 양자역학의 해석을
내놓았다. 하지만 이에 관심을 주는 사람은 아인슈타인뿐이
었다.

논란을 잠재운 천재 수학자

헝가리 출신 수학자 폰 노이만John von Neumann, 1903~1957은
아인슈타인과 같이 프린스턴 고등연구소에서 일하고 있었
다. 8세 때 미적분학을 독학으로 공부했다는 폰 노이만은 일
찍부터 아인슈타인을 능가하는 천재로 알려져 있던 수학자
였다.

그는 컴퓨터의 구조를 제시하고, 게임 이론을 창시했을 뿐
아니라, 몬테카를로 방법과 원자폭탄 개발까지, 여러 분야에

⊙ 존 폰 노이만John von Neumann, 1903~1957

기여한 천재였다. 그런 그가 양자역학에 손을 댔으니 그 영향력은 매우 클 수밖에 없었다.

일반적으로 물리학자는 수학을 잘한다고 알려져 있지만, 수학자가 생각하는 수학을 잘하는 것은 아니다. 물리학자가 능한 것은 계산이지, 수학이 아니다. 물리학자는 수학을 도구로 삼을 뿐, 수학 자체의 엄밀성에는 그다지 큰 관심을 두지 않는다. 그래서 수학자가 증명해놓은 것을 믿지 못하고 다시 검증을 해보는 물리학자는 없다.

폰 노이만은 양자역학에 등장하는 각종 개념과 법칙을 수학적으로 다시 정의하고 체계적으로 서술하여,『양자역학의 수학적 기초Mathematical Foundations of Quantum Mechanics』라는 책을 1932년에 출판했다.[30]

이 책에서 그는 숨은 변수를 도입하더라도 양자역학은 결정론적이 될 수 없다는 수학적 증명을 첨부했다. 사실 그의 증명은 잘못된 것이었지만, 천재 수학자 폰 노이만의 증명을 의심하는 사람은 아무도 없었다.

"폰 노이만이 증명했다고! 그럼 끝난 거지. 양자역학은 결정론적이지 않아. 결국 보어가 승리한 거지. 양자역학은 이제 의심할 여지가 없는 완전한 이론이 된 거야." 사람들은 이렇게 말하며, 폰 노이만의 책이 나온 이후 25년간 그의 증명을 검증해보지 않고 믿었다. 결국 아인슈타인이 가졌던 양

⊙ 폰 노이만이 저술한 『양자역학의 수학적 기초』(1932)

자역학에 대한 의문들은 폰 노이만의 수학적 증명으로 몽
땅 의미 없는 것이 되어버렸다. 즉 양자역학은 그 자체로 완
벽하며, 숨은 변수의 도입이 양자역학에 전혀 필요하지 않는
다는 결론이었다. 적어도 데이빗 봄David Bohm, 1917~1992이 등장
하기 이전까지는 말이다. 그만큼 천재 수학자의 위엄은 대단
했다.

한 걸음 더 잊힌 그레테 헤르만

그레테 헤르만Grete Hermann, 1901~1984은 독일의 수학자이자 철학자다. 헤르만은 에미 뇌터Emmy Noether의 제자로 대수학을 주로 연구했으나 양자역학에 특별히 관심을 가졌다. 헤르만은 1935년『자연철학에서의 양자역학의 기초Die naturphilosophischen Grundlagen der Quantenmechanik』라는 논문을 썼다.[31]

헤르만은 숨은 변수를 포함한 결정론적 양자역학이 성립할 수 없다는 폰 노이만의 증명에 오류가 있음을 가장 먼저 발견했지만, 존 벨(John Bell)이 1960년대에 같은 결론에 도달할 때까지 거의 30년 간 물리학계에서는 잊혀 있었다.

헤르만은 나치에 저항하는 운동에 적극 참여하다, 나치를 피해 독일을 떠나 유럽을 떠돌게 되었다. 독일이 패망한 후 고국으로 돌아와 정치 철학자로 다시 활동을 했다. 양자역학에 대한 그녀의 젊은 시절의 업적이 학계에서 잊혔던 것은 그녀가 여성이었기 때문이기보다는 시대적인 불운이었다고 보는 것이 더 옳아 보인다.

중첩된 고양이

폰 노이만의 증명 이후에도, 아인슈타인은 여전히 양자역학을 불만의 눈초리로 바라보고 있었다. 이미 수년이 지났지만, 아인슈타인은 인과율에 문제를 일으키는 파동함수의 붕괴만큼은 받아들이기 힘들어했다.

1935년 EPR 논문이 게재된 후, 슈뢰딩거와 편지를 주고받던 아인슈타인은 파동함수의 붕괴를 따지기 이전에 파동함수의 중첩이란 개념 자체가 문제임을 보여주는 사고실험 하나를 제안했다.

아인슈타인은 우선 화약을 채운 폭탄을 하나 가정했다. 날씨에 따라 다르겠지만 불안정한 화약은 시간이 지나면 스스로 발화할 확률이 있기 마련이다. 화약이 발화하는 과정은 미시 세계에서 일어나는 화학 반응으로 양자역학으로 기술된다. 따라서 화약은 미시 세계와 거시 세계의 폭탄을 연결해주는 장치가 된다.

이를 바탕으로 폭탄을 기술하는 파동함수를 기술하면, 처음에는 안정된 폭탄 상태로 존재한다. 하지만 시간이 지나면, 터진 상태와 안 터진 상태가 중첩된 폭탄이 된다.

그런데 세상에 어떻게 하나의 폭탄이 안 터진 상태와 터진 상태로 동시에 존재할 수 있겠는가? 따라서 아인슈타인은 파동함수가 통계적으로 의미를 갖는 것이지, 한 입자의 실재를 나타내는 것은 아니라고 생각했다.

슈뢰딩거의 고양이는 불가능하다

아인슈타인의 폭약 사고실험에 힌트를 얻은 슈뢰딩거는 아인슈타인에게 보내는 답장에서, 폭약 사고실험을 좀 더 세련되게 다듬어 그 유명한 고양이 사고실험을 고안해낸다.[32]

이 실험에서는 고양이 한 마리가 철제 박스 안에 갇혀 있다. 박스 안에는 독가스가 담긴 병이 있고, 그 병을 깰 수 있는 망치가 하나 매달려 있다. 이 망치를 붙잡고 있는 끈은 가이거 계수기에 의해 작동하는 가위 앞에 놓여 있다. 그리고 이 가이거 계수기 앞에는 반감기가 한 시간인 방사성 물질이 놓여 있다.

이제 한 시간이 지나면, 이 방사성 물질이 붕괴했을 확률은 50%가 된다. 그러므로 끈이 잘릴 확률도 50%, 망치가 병을 깰 확률도 50%, 깨진 병에 의해 독가스를 마신 고양이가 죽을 확률도 50%가 된다.

이 이야기를 코펜하겐 해석에 따른 양자역학으로 기술해보자. 한 시간이 지난 뒤 방사성 원소의 파동함수는 붕괴된 상태와 붕괴되지 않은 상태가 반반씩 섞인 중첩 상태가 된다.

그렇다면 한 시간 뒤엔 잘린 상태와 안 잘린 상태의 중첩된 끈이 존재해야 한다. 더 나아가 깨진 상태와 안 깨진 상태가 중첩된 병이 존재해야 한다. 최종적으로는 죽지도 살지도 않은 고양이가 존재해야 한다는 결론에 도달한다.

그런데 이 세상에 죽지도 살지도 않은 고양이가 있을 리만무하다. 그러니 애초에 방사성 원소를 기술하는 파동함수가 중첩되어 있다는 코펜하겐 해석 자체에 문제가 있다는 것이다.

슈뢰딩거와 아인슈타인은 이렇게 파동함수의 중첩과 붕괴에 대한 코펜하겐의 해석에 문제점이 있다고 생각했다. 하지만 이미 양자역학은 많은 곳에서 활용이 되기 시작하면서, 완성된 이론으로 자리 잡아가고 있었다.

슈뢰딩거의 고양이 이야기는 원래 코펜하겐 해석의 문제점을 지적하기 위해 제안된 것이다. 그런데 공교롭게도 많은

⊙ 슈뢰딩거의 고양이 사고실험. 방사성 원소의 붕괴에 따라 작동하는 독극물 장치가 달려 있다.

사람이 파동함수의 중첩 개념을 설명하기 위해 슈뢰딩거의 고양이를 예로 사용하고 있다. 죽은 고양이 상태와 산 고양이 상태가 동시에 존재할 수 없으니, 엄밀히 따지면 이는 파동함수의 중첩을 설명하기 위한 예로는 적당하지 않다.

어찌됐건 중첩될 수 있는 파동함수가 물리적 실재인지를 놓고 코펜하겐 지지자들과 아인슈타인 그리고 슈뢰딩거의 해석 차이는 지금까지도 양자역학을 공부할 때 가장 재미있는 에피소드로 등장하고 있다.

거시 세계의 중첩은 가능한가

아인슈타인의 폭약과 슈뢰딩거의 고양이는 둘 다 파동함수의 중첩과 붕괴에 대한 코펜하겐 해석에 의문을 던지는 사고실험이었다. 즉 양자 세계와 연결된 거시 세계의 실험 장치를 만든다면 불가능한 일이 발생한다. 그러므로 파동함수의 중첩과 붕괴가 물리적 사실이 될 수 없다는 지적이었다.

물론 거시 세계라고 꼭 파동함수의 중첩 현상이 일어날 수 없다는 것은 아니다. 예를 들면 풀러렌과 같은 거대 분자도 이중 슬릿 실험을 통해 파동함수의 간섭이 일어난다. 그러므로 중첩 상태가 만들어진다고 할 수 있다.

또 절대온도 0에 가까워지면 헬륨4가 초유체가 된다. 이는 각 헬륨4 원자의 파동함수가 겹쳐지면서 보스-아인슈타인 응축 상태가 되어 나타나는 현상이다. 이 경우도 파동함수들이 중첩된 경우로 볼 수 있다.

그러나 여기서 주의할 점이 있다. 이는 헬륨4 원자들이 뭉쳐진 상태의 파동함수가 개별 헬륨4 원자의 파동함수들이 중첩되어 나타난다는 의미지, 개별 헬륨4 입자에서 나타나는 파동함수의 중첩을 말하는 것은 아니다.

아인슈타인이나 슈뢰딩거가 문제 삼는 것은 '개별 입자의 상태가 결정되지 않은 채로 여러 상태가 중첩되어 존재할 수 있는가'였다. 예를 들면, 수소 원자가 관측을 하지 않았을 때는 n=1, n=2, n=3, … 인 상태가 모두 중첩되어 있다가, 관측할 때만 하나의 상태로 나타나는 것인지, 또 수소 원자 속 전자의 스핀 상태가 '위'이거나 '아래'인 두 상태의 중첩으로 존재하다가, 관측을 할 때 스핀 상태가 결정되는 것인지 하는 질문이다.

'그럴 수 없다'가 아인슈타인과 슈뢰딩거의 생각이고, '그렇다'가 코펜하겐의 해석이다. 이렇게 개별 입자의 중첩 상태는 사실상 거시 세계에서는 찾아볼 수 없는 현상이다. 물론 억지로 거시 세계에서의 비유를 만들 수는 있다. 예를 들면, 한 인간의 마음이 이런 중첩 상태일 수 있다. 예를 들면, 결혼의 상대가 될 A를 사랑하는 마음과 B를 사랑하는 마음은 중첩이 될 수 있다. 물론 결혼이란 관측이 일어나면, 중첩 상태는 깨지고, 하나의 상태로 붕괴될 것이다.

앞에서도 예를 든 메뉴의 중첩 문제도 있다. 짜장면을 먹을 것인가, 짬뽕을 먹을 것인가 하는 문제다. 이때는 2가지 생각이 50%대 50%로 중첩된 상태로 유지되다가, 식당 웨이터가 다가와 무엇을 먹을지 주문을 받으면, 즉 관측을 행사하면, 둘 중 하나의 상태로 붕괴할 수밖에 없다. 물론 이는 '짬짜면'이 없는 식당에 한한다.

얽힌 세상의 패러독스

가실과 설씨녀 설화

『삼국사기』신라 진평왕 편에 소개된 「가실과 설씨녀 설화」를 들어본 적 있는가? 가실이라는 청년은 설씨녀라는 여인의 늙은 아버지를 대신해서 군대를 가게 된다. 가실은 군대를 다녀와서 설씨녀와 결혼하자는 약속을 하고 그 증표로 거울을 반으로 쪼개 서로 나눠 가진다. 그리고 3년 뒤에 가실이 군대에서 돌아와 둘이 거울 조각을 맞춰보고 혼인한다는 이야기다.

여기서 거울을 쪼개 나누어 갖는 것은 두 사람의 관계를 얽히게 만드는 행위라 할 수 있다. 이 두 사람은 이제 아무리 멀리 떨어져 있어도 상대방이 가진 반쪽 거울의 모습을 상상할 수 있다. 두 사람의 사랑은 물리법칙과 인과율을 뛰어

넘는 것이다.

재미난 얽힘 관계의 예로 '서프라이즈 선물'도 있다. 두 친구가 강아지 인형과 고양이 인형을 사서, 똑같이 생긴 박스에 담아 똑같이 포장하여 서로 나눠 갖는 것이다. 박스를 열어보기 전까지는 상대방이 강아지 인형을 가져갔는지, 고양이 인형을 가져갔는지 알 수 없다. 그러나 내가 상자를 열어 인형을 확인하는 순간, 곧바로 상대방이 가져간 인형을 알 수 있게 된다.

내 상자 속에서 강아지 인형이 발견되었다면, 상대방 상자 속에는 고양이 인형이 있을 것이다. 내 상자 속에 고양이 인형이 있다면, 상대방 상자에는 100% 강아지 인형이 있을 수밖에 없다.

이는 헤어진 친구가 서울에 있든, 부산에 있든, 샌프란시스코에 있든, 상관없다. 설사 친구가 달에 가 있거나, 안드로메다 은하에 가 있더라도, 내 상자의 내용을 관측하는 순간, 즉각적으로 상대방의 인형이 무엇인지 결정되는 것이다.

이런 얽힘 관계는 우리 주변에 무궁무진하게 많다. 구슬 5개를 친구와 나눠 가져보자. 내 손에 구슬이 홀수 개가 들어 있으면, 친구 손에는 짝수 개의 구슬이 있기 마련이다. 이 역시 '친구가 얼마나 멀리 떨어져 있는가'는 하등의 관계가 없다.

우리는 즉각적으로 나의 상태를 관측함과 동시에 상대방의 상태를 알 수 있다. 왜냐하면, 처음에 구슬을 나눠 갖는 행위가 두 사람의 상태를 얽히게 만들었기 때문이다.

자, 그런데 이런 비유로 양자 얽힘을 설명한다면 이는 100% 잘못된 설명하는 것이다. 실제로 많은 유튜브와 블로그에서 이런 잘못된 비유를 가지고 양자 얽힘을 설명한다.

사실 위에서 언급한 것은 양자 얽힘이 아니라 그냥 보존 법칙이다. 가실과 설씨녀의 거울이나, 강아지와 고양이 인형, 그리고 구슬 나누기까지 모두 총합이 보존된다는 것을 알기 때문에 즉각적으로 상대방의 상태를 알 수 있는 것이다.

물론 앞의 예와 같이 서로 나눠 갖는 행위가 보존 법칙에 의해 얽힌 관계를 만드는 것은 맞다. 그러나 이는 양자 얽힘은 아니다.

양자 얽힘과 원격작용

그럼 양자 얽힘은 무엇이 다른 걸까? 양자 얽힘의 가장 중요한 특징은 결정되어 있지 않은 중첩 상태에 있다. 앞서 예로 든 강아지와 고양이 인형을 나눠 갖는 경우나, 구슬을 나눠 갖는 경우는 모두 나눠 갖는 행위가 벌어지자마자, 이미 각자의 상자 속 상태가 결정되어 있다. 하지만 양자 얽힘에

서는 두 상자 속의 상태가 결정되어 있지 않다는 결정적인
차이점이 있다.

예를 들어 수소 분자를 생각해보자. 수소 분자는 화학 기
호로 H_2로 2개의 수소 원자가 서로의 전자를 공유하는 형
식으로 결합되어 있다.

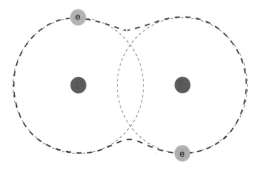

⊙ 수소 원자(H) 2개가 서로의 전자를 공유하여 수소 분자(H_2)가 된다. 이 경우 두 전자의
스핀이 서로 반대일 때 가장 안정된 상태가 된다.

수소 분자의 경우에는 전자가 2개가 있으니, 두 전자의 스
핀이 서로 같은 방향을 향하는지 아니면 서로 반대 방향으
로 향하는지에 따라 에너지 상태가 달라진다. 원래는 복잡
한 계산을 해야 하지만 간단히 생각해보면, 두 전자의 스핀
이 서로 반대 방향일 때가 더 안정한 상태가 된다.

물론 전자 1과 전자 2 중, 어느 전자의 스핀이 '위'를 향하

고, 어느 전자의 스핀이 '아래'를 향하는지는 알 수 없다. 하여간 둘 중 하나가 '위'면, 나머지 하나는 '아래'다.*

이제 스핀의 합이 0이던 수소 분자가 갈라져서 2개의 수소 원자로 나뉜다고 가정해보자. 이 경우 개별 수소 원자 속 전자의 스핀 상태는 알 수 없다. 마치 강아지 인형과 고양이 인형처럼, 한 수소 원자 속 전자의 스핀이 '위'라고 판명되면, 다른 수소 원자 속 전자의 스핀은 '아래'일 것이다.

다른 점이 있다면, 서프라이즈 선물 상자 속 인형은 이미 결정되어 있는 것을 우리가 모를 뿐이라는 것이고 수소 원자에서는 관측을 행하기 전까지 스핀 상태는 '위'와 '아래'가 중첩되어 있다는 사실이다.

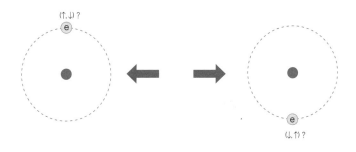

---

* 두 입자의 스핀 합을 전문적으로 다루면, 스핀의 합이 0이 되는 경우와 스핀의 합이 1이 되는 경우로 나눌 수 있는데, 스핀의 합이 0이 되는 상태를 '싱글렛 상태'라 부른다.

이제 분리된 두 수소 원자가 서로 멀어진다고 가정하자. 그것도 아주 멀리 떨어져 날아가고 있다고 생각하자. 이때 수소 원자 하나의 스핀 상태를 측정하는 것이다. 그러면 측정과 함께 위 스핀과 아래 스핀이 중첩되어 있던 상태에서, 둘 중 한 상태로 파동함수의 붕괴가 일어나면서 스핀 상태가 결정될 것이다.

여기서 문제가 발생한다. 멀리 떨어져 날아가고 있는 다른 수소 원자는 아직 관측을 하지 않은 상태다. 그런데 한쪽에서 관측을 통해 스핀 상태가 결정됐으므로, 반대쪽에서 날아가던 수소 원자의 스핀 상태도 결정될 수밖에 없는 것이다.

이게 가능한 이야기인가? 한쪽에서 측정함과 동시에, 반대쪽에 멀리 날라가고 있는 원자의 스핀 상태가 갑자기 결정되다니? 그것도 광속도보다 빨리 순식간에 그 결정이 이루어진다는 말이니, 특수상대론이 금지한 원격작용이 벌어진다는 얘기가 아닌가?

EPR 패러독스

아인슈타인, 포돌스키B. Podolski, 로젠N. Rosen이 1935년 5월에 발표한 논문이 바로 이 문제를 직격한 것이다.[*][33] 물론 이 논문에서는 스핀을 다루지 않고, 위치와 운동량의 관계를 가지고 설명했다. 하지만 얽힌 관계에 의한 원격작용의 문제점을 지적했다는 점에서 본질적으로는 위의 스핀 이야기와 같다.[**]

⊙ 아인슈타인, 포돌스키, 로젠

EPR 논문의 결론은 다음과 같다.

멀리 떨어져 있는 두 양자 상태가 있다. 한 쪽을 A라 부르고, 다른 쪽을 B라 하자. 각각의 양자 상태는 서로 상보적

---

[*] 저자 중 한 명인 로젠은 '아인슈타인–로젠의 다리'라고 불리는 장방정식의 웜홀 해를 구한 그 로젠이 맞다.

[**] '얽힘'이란 용어는 EPR 논문을 읽은 슈뢰딩거가 아인슈타인에게 편지를 쓰면서 '양자적으로 얽힌 상태quantum mechanically entangled state'라는 용어를 쓰면서 사용되기 시작했다.

인 두 물리량으로 기술된다. 상보적인 두 물리량의 예를 들면, 위치와 운동량이 있다. 상보적인 두 물리량에는 불확정성 원리가 적용되어 동시에 둘 다 정밀하게 측정하는 것은 불가능하다.

하지만 보존법칙을 고려하면, 한쪽의 물리량을 측정하면 다른 쪽의 물리량을 즉각 알 수 있다. 예를 들어, A쪽에서 위치를 측정하면, 즉각적으로 B쪽 위치를 알 수 있다. 이때 B쪽은 아직 측정을 하지 않은 상태다.

이제 B쪽에서는 운동량을 측정한다고 하자. 그러면 즉각적으로 A쪽의 운동량을 알 수 있다. 자, 이제 B가 자신이 측정한 운동량 값을 A에게 전달해 준다고 하자. 그러면 A는 위치와 운동량을 둘 다 정확히 알 수 있다. 따라서 불확정성의 원리가 깨진다. 반대로도 마찬가지다. A가 측정한 위치값을 B에 알려주면, B역시 두 물리량 값을 정확히 알 수 있게된다.

이와 같이 파동함수의 붕괴에 따른 원격작용이 가능하면, 불확정성 원리가 성립하지 않는다. 따라서 코펜하겐의 양자역학은 완전한 이론이 아니라는 설명이다.

즉 양자역학의 주장대로 중첩 상태와 파동함수의 붕괴가 일어난다면, 원격작용이 일어나야 한다. 이는 곧 불확정성 원리가 깨짐을 의미한다는 자가당착적인 상황을 가져온다.

결국 양자역학이 비국소적non-locality이기 위해서는, 고려하지 않는 숨은 변수가 필요하다는 얘기가 된다. 즉 관측을 행하기 전에 이미 위치나 운동량이 숨은 변수로 이미 정해진 값을 갖고 있다는 뜻이다.

그런데 코펜하겐 해석에 의한 양자 세계에서는 숨은 변수 없이도 얽힌 관계가 존재하고 원격작용이 가능하다. 그렇기 때문에 양자역학은 비국소적인 역학이고, 상대성이론을 정면으로 부정하는 이론이 되는 것이다. 아인슈타인, 포돌스키, 로젠이 제시한 이 문제를, 세 저자의 이름 앞글자를 따서 'EPR 패러독스'라 부른다. 다음은 이들이 미국물리학회가 발간하는 저명한 학술지인《피지컬 리뷰Physical Review》에 발표한 EPR 논문의 앞부분을 발췌한 것이다.

'물리적 실체에 대한 양자역학의 기술은 완전한가?(Can Quantum-Mechanical Description of Physical Reality Be Considered Complete?)'라는 이 논문의 제목에서 볼 수 있듯, 세 명의 저

MAY 15, 1935   PHYSICAL REVIEW   VOLUME 47

Can Quantum-Mechanical Description of Physical Reality Be Considered Complete?

A. EINSTEIN, B. PODOLSKY AND N. ROSEN, *Institute for Advanced Study, Princeton, New Jersey*
(Received March 25, 1935)

In a complete theory there is an element corresponding to each element of reality. A sufficient condition for the reality of a physical quantity is the possibility of predicting it with certainty, without disturbing the system. In quantum mechanics in the case of two physical quantities described by non-commuting operators, the knowledge of one precludes the knowledge of the other. Then either (1) the description of reality given by the wave function in quantum mechanics is not complete or (2) these two quantities cannot have simultaneous reality. Consideration of the problem of making predictions concerning a system on the basis of measurements made on another system that had previously interacted with it leads to the result that if (1) is false then (2) is also false. One is thus led to conclude that the description of reality as given by a wave function is not complete.

⊙ 1935년 5월에 발표된 아인슈타인, 포돌스키, 로젠의 논문

자는 양자역학의 문제점을 직격했다. 그리고 이는 곧바로 코펜하겐 팀을 궁지로 몰아넣었다.*

보어는 EPR 논문을 보고 한동안 충격에서 헤어나올 수 없었다. 솔베이 전투때와 달리 '관측에 의한 교란'만 가지고는 원격작용의 문제점, 즉 양자역학의 비국소성을 설명할 수 없었기 때문이었다.

하지만 결국 보어는 상보성 원리를 바탕으로, 양자역학이 실제로 EPR의 해석대로 비국소적일 수밖에 없고, 그것이 오히려 양자역학적 관점에서의 물리적 실재라는 반박 논문을 제출한다. EPR논문이 나온 지 5개월 만의 답변이었다.[34]

보어의 반박 논문에 대해서는 평가가 엇갈린다. 보어의 스타일대로 다분히 철학적이고 상보성 원리를 고집하는 모호하고 명쾌하지 않은 답변이었다. 보어의 결론은 논문 제목에

OCTOBER 15, 1935   PHYSICAL REVIEW   VOLUME 48

Can Quantum-Mechanical Description of Physical Reality be Considered Complete?

N. BOHR, *Institute for Theoretical Physics, University, Copenhagen*
(Received July 13, 1935)

It is shown that a certain "criterion of physical reality" formulated in a recent article with the above title by A. Einstein, B. Podolsky and N. Rosen contains an essential ambiguity when it is applied to quantum phenomena. In this connection a viewpoint termed "complementarity" is explained from which quantum-mechanical description of physical phenomena would seem to fulfill, within its scope, all rational demands of completeness.

―

* EPR 논문을 주도적으로 작성한 것은 포돌스키로 알려져 있다. 실제로, 아인슈타인은 논문에 강조해야 할 내용이 좀 부실하게 기술됐다고 불만을 표시하기도 했다고 한다.

고스란히 담겨 있다.

물리적 실체에 대한 양자역학 기술은 완전한가?

(Can Quantum-Mechanical Description of Physical Reality Be
Considered Complete?)

눈치 챘겠지만, 10월에 발표된 보어의 반박 논문의 제목은 아인슈타인, 포돌스키, 로젠의 논문과 완전히 똑같다. 이는 분명 보어의 의도적인 작명일 것이다.

어찌됐건 논문에서 보어는 물리적 실재에 대한 아인슈타인, 포돌스키, 로젠의 정의가 양자 세계에는 적용하기 힘들다는 점을 지적했다. 그리고 상보성 원리에 따른 양자역학의 해석에는 문제가 없다는 결론을 내렸다.

제3차 양자 전쟁 같던 1935년의 EPR논쟁도 알고 보면 뚜렷한 승자와 패자가 없이 끝나버렸다. 어느 쪽도 상대방의 지적과 반박을 받아들이지 않았기 때문이다. 이후 보어와 아인슈타인의 양자 전쟁은 긴 휴전 상태로 들어간다.

이해할 수 있는 얽힘은 양자 얽힘이 아니다

양자 얽힘은 두 입자가 중첩 상태를 유지한 상태에서 얽혀 있는 경우를 말한다. 그래서 한쪽의 파동함수가 관측에 의해 붕괴되면, 다른 쪽의 파동함수도 즉각적으로 결정되는 관계를 말한다. 그야말로 얽혀 있는 것이다. 그러니 필연적으로 원격작용이란 해석이 따라올 수밖에 없다.

이 원격작용을 아인슈타인은 '스푸키 액션$_{spooky\ action}$'이라 불렀다. 우리말로 의역하자면, '귀신이 곡할 노릇'이라 할 수 있겠다. 인과율이 지켜지는 거시 세계에서는 절대로 일어날 수 없는 일이, 양자 세계에서는 일어난다는 것이니 정말 귀신이 곡할 노릇이다.

앞서 중첩을 설명하면서 억지 비유로 짜장면과 짬뽕을 예로 들었다. 즉 짜장면을 먹을 것인지 짬뽕을 먹을 것인지 결정이 안 된 상태를 중첩 상태로 본 것이다. 이 비유에 친구 한 명을 등장시켜, 얽힌 관계를 만들어보자.

A와 B는 단짝 친구다. 둘은 짜장면과 짬뽕을 좋아하는데, 항상 2가지를 다 먹고 싶어 한다. 그래서 둘은 암묵적인 계약을 맺는다. 즉 중식집에 가서 한 사람이 짜장면을 시키면, 자동적으로 다른 사람은 짬뽕을 시키기로 한 것이다. 이렇게 되면 둘은 항상 짜장면과 짬뽕 2가지를 다 맛볼 수 있게 된다. 바로 얽힌 관계가 된 것이다.

이런 얽힌 관계는 흔히 볼 수 있고, 이상할 게 전혀 없다. 둘이 한 중국집에 갈 경우에는 말이다. 그런데 어쩌다 약속이 안 맞아서 서로 다른 중식당에 가게 된 경우를 생각해보자. 하필 똑같은 상호명을 가진 중식당이 두 군데에 있어, A는 약속 시간에 맞춰 강북에 있는 식당에, B는 강남에 있는 식당에 도착했다고 하자.

이 둘이 주문하는 음식을 우리는 CCTV를 통해 관찰하고 있다. 강북에 있는 A가 짜장면을 시켰는데, 강남의 B가 짬뽕을 시켰다고 하자. 뭐, 그럴 수 있다. 그런데 매번 A와 B가 약속한듯이 짜장면과 짬뽕을 서로 다르게 계속 시킨다면, CCTV를 보고 있는 관찰자는 어떻게 이 상황을 설명할 수 있겠는가?

한 가지 방법은 있다. 두 사람이 텔레파시를 통해 상대방이 시킨 음식을 알고 있는 경우다. 그런데 알다시피 텔레파시야말로 귀신이 곡할 노릇이고, 실제로 그런 것이 가능하다면 숨은 변수 아니, 숨겨진 마법이라 할 수 있다.

그러니 이런 원격작용이 필요한 얽힘은 거시 세계에서는 존재하지 않는다. 이는 오로지 양자 세계에서만 벌어지는 얽힘이다. 슈뢰딩거의 고양이 때와 마찬가지다. 거시 세계에서는 존재하지 않는 중첩처럼, 양자 얽힘은 거시 세계에서는 나타나지 않는다.

따라서 우리는 이렇게 이야기할 수 있다.

"이해할 수 있는 얽힘은 양자 얽힘이 아니다".

그러니 양자 얽힘에 대한 이야기를 듣고 나서 "도저히 이해가 안 되는데"라는 생각이 들면, 이것이 정상이고, 제대로 양자 얽힘을 이해하기 시작한 것이다.

한 걸음 더 ─ 원격이동은 가능할까?

'물리 현상은 국소적'이란 것이 무슨 뜻일까? 아인슈타인의 특수상대론에 따르면, 어떠한 물체도 광속도보다 빠르게 이동할 수 없다. 따라서 어떠한 정보도 빛보다 빨리 전달될 수는 없다.

쌍둥이 행성 A와 B가 있다고 해보자. A와 B는 1광년이나 떨어져 있어, A에서 일어난 일은 B에게 1년 뒤에나 알려줄 수 있다. 그런데 양자 얽힘을 이용하면 즉각적으로 상대방의 상태를 알 수 있다. 내가 상자를 열어 관측하는 순간, 1광년 떨어진 곳에 있는 상자 속 상태를 알 수 있다는 얘기다. 물론 이는 얽혀 있는 경우에만 해당한다. 그럼 정보가 광속도보다 빨리 전달된 것일까? 인과율이 깨진 것일까? 사실은 그렇지 않다. 행성 A에 있는 내가 관측을 통해, 행성 B에 있는 상자 속 상태를 알았다고 치더라도, 그 사실을 행성 B에 있는 친구에게 알려주려면 여전히 1년이 걸린다. 왜냐하면 전파를 쏘아 정보를 전달하는 과정은 여전히 광속의 지배를 받기 때문이다.

영화 〈삼체〉를 보면, 얽혀 있는 양성자를 통해, 지구와 실시간으로 교신하는 삼체인 이야기가 나온다. 얽혀 있는 상자가 무한대로 있고, 그 상자를 열어 정보를 주고받는다는 아이디어다.

비슷하게 이런 생각을 할 수 있다. 예를 들어, 행성 A에 있는 엘리스가 스핀 업인 상태를 가지고 있고, 행성 B에 있는 밥이 스핀 다운을 가지고 있다고 해보자. 또 1광년 더 떨어진 행성 C에 있는 이브는 스핀 업을 가지고 있다고 하자. 그리고 엘리스와 밥이 얽혀 있고, 밥과 이브가 스핀이 보존되도록 얽혀 있는 상태라고 하자.

만약 엘리스가 스핀을 조절할 수 있는 기계를 발명했다면 어떻게 될까? 엘리스가 스핀을 뒤집으면, 순간적으로 밥의 스핀이 뒤집히고, 이어 순간적으로 이브의 스핀도 뒤집힌다. 이런 식으로 행성 D, 행성 E, … 등을 계속 연결해나가면, 정보를 우주 끝까지 순간적으로 전달 할 수 있다. 정보의 원격이동teleportation이 가능하다는 이야기가 된다.

물리학적으로 볼 때, 모든 기본 입자는 동일하다. 지구에 있는 전자는 안드로메다의 전자와 똑같다. 모든 원자도 똑같다. 따라서 정보를 원격으로 전달할 수 있다면, 지구에 있는 물건의 모든 구성 성분과 결합 상태를 정보로 바꿔 전달하여, 순식간에 우주 먼 곳에서 3D 프린터와 같은 것으로 만들어낼 수 있을 것이다. 공상과학 소설에 나오는 원격이동이 가능해지는 것이다.

9부
누구를 위하여
벨은 울리나?

상대성이론에 따르면 광속도는 한계 속도이고,
먼 거리까지 순간적으로 영향을 미칠 수 있는 원격작용은
불가능하다. 다른 말로, 모든 물리 현상은 국소적이라는 뜻이다.
그런데 EPR 패러독스가 지적한 것과 같이 양자역학은
태생부터 비국소적이다. 1964년 CERN에서 일하던
존 스튜어트 벨은 숨은 변수를 도입한 양자역학이 지켜야 할
수학적 부등식을 도출해낸다. 이로써 양자역학이 정말로
비국소적인지 여부가 심판대에 오르게 된다.

존 스튜어트 벨(John Stewart Bell, 1928~1990)

봄의 양자역학을 신봉한 벨

 양자역학이 올바른 이론인지 아닌지를 놓고 벌어진 아인슈타인과 보어의 논쟁은 EPR 패러독스가 나온 1935년에 정점에 이르렀다. 이후 어정쩡한 휴전이 시작되고, 1940년대가 되자, 두 사람의 논쟁은 더 이상 세간의 관심을 끌지 못했다.

 왜냐하면 양자역학은 이미 고체물리학, 광학, 통계물리학 곳곳에서 가장 밑바탕이 되는 이론으로 활용되고 있었기 때문이다. 특히 양자역학과 전자기학이 합쳐져 만들어진 양자전기역학Quantum Electrodynamics이 전례 없는 정밀도로 원자세계를 설명할 수 있음이 알려졌다. 그래서 양자역학은 더 이상 의심할 수 없는 올바른 이론으로 자리 잡았다.

 물리학자들 사이에서는 양자역학에 대한 철학적 고찰은 더 이상 관심에 대상이 되지 않았다. 대학에서도 양자역학을 가르칠 때, 의미를 따질 필요 없이 '닥치고 계산부터' 하자는 주의가 대세가 되어갔다.

그렇다고 양자역학의 완결성에 대한 의심을 가진 사람이 아주 사라진 것은 아니었다. 대표적인 사람이 미국 물리학자 존 휠러John Archibald Wheeler, 1911~2008였다. 1946년 휠러는 양자 얽힘 상태가 실제로 존재하는지를 확인해보기 위해, 전자-양전자 쌍을 이용한 광자 얽힘 실험을 제안했다.

전자와 양전자는 서로 입자와 반입자 관계에 있다. 이 두 입자가 만나 쌍소멸되면, 그때 생성되는 두 광자가 서로 얽힌 상태가 된다. 바로 이 얽힌 광자 쌍을 가지고, 양자 얽힘 상태를 실험으로 검증할 수 있다는 생각이었다.

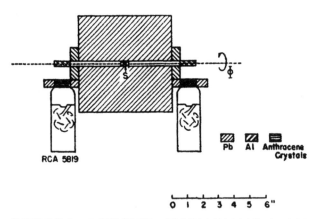

⊙ 우젠슝과 샤크노프가 제작한 실험 장치. S지점에서 전자와 양전자의 쌍소멸로 발생한 두 광자가 양쪽 파이프 통해 나오다가, 컴프턴 산란을 일으켜, 이로부터 편광을 잴 수 있게 만들었다. 이로부터 양쪽에서 나오는 광자들의 상호 편광 관계를 얻을 수 있다.

실제로 휠러의 아이디어는 우젠슝에 의해 1949년 실험에 옮겨진다.[35] 이 실험에서는 생성된 광자가 일으키는 컴프턴 산란을 통해 광자의 편극을 재고, 이를 통해 두 광자의 편광 상호관계를 얻고자 했다.

실제로 두 광자의 편광은 서로 수직일 때가 서로 평행일 때 보다 2배나 더 많이 관측되었다. 하지만 초기 두 광자의 편광 상태가 얽혀 있다는 것만 말해 줄 뿐, 관측에 의한 파동함수의 붕괴와 원격작용이 있는지를 검증할 수 있는 실험은 아니었다.

숨은 변수 이론을 되살린 데이비드 봄

숨은 변수를 가진 양자역학 이론을 만들어보려는 시도 역시 계속되었다. 그 대표적인 학자가 바로 데이비드 봄David Bohm, 1917~1992이었다. 봄은 영화 〈오펜하이머〉의 주인공인 오펜하이머의 제자였다.

오펜하이머는 봄을 공산주의자로 의심하여 맨해튼 프로젝트에서 배제시켰을 뿐 아니라, 매카시즘의 광풍이 불 때 봄에 대한 불리한 증언을 했다고 한다. 그래서인지, 봄은 미국 학계에서 자리 잡지 못하고, 브라질로 이주하여 연구를 할 수밖에 없는 불운한 삶을 살았다.

봄이 특별히 관심을 가졌던 연구 분야는 양자역학이었다. 봄은 일찍이 폰 노이만의 숨은 변수 이론에 대한 증명에 문제가 있다는 것을 깨닫고, 드브로이의 파일럿 파동 이론을* 다시 꺼내, 숨은 변수를 포함한 결정론적 양자역학을 만드는 데 힘을 쏟았다. 혼신을 다한 그의 연구 결과는 1951년 『양자 이론Quantum Theory』이라는 책으로 출판되었다.[36]

앞 장에서도 살펴보았지만, 파일럿 파동 이론에 따르면 입자와 파동은 상보적인 것이 아니다. 둘 다 실제로 존재하여 파동 안에 입자가 들어 있다. 따라서 입자는 회절 현상을 일으켜 퍼져나가면서도, 실제 관측에서는 어느 특정 위치에서 입자로 발견된다.

그러니 드브로이-봄의 파일럿 파동 이론에서는 입자의 위치가 숨은 변수로 들어간다. 이는 기체 이론에서 성립하는 압력(P)과 부피(V) 그리고 온도(T) 간의 상관관계와 비슷하다. 이상 기체 방정식($PV=nRT$)에서는 P와 V 그리고 T가 주요 변수다. 그러나 실은 이 방정식은 기체 분자들의 운동으로부터 유도될 수 있다. 이때 개개의 기체 분자의 위치와 속도가 열역학적으로는 숨은 변수가 된다.

---

* pilot은 우리말로 '조종사'라는 뜻이지만, 여기서는 입자를 가이드하는 역할을 하므로 '안내 파동'이라 번역할 수 있다.

이렇게 숨은 변수가 도입되면, EPR 실험에 있어 멀리 떨어진 두 파동함수 속에 입자의 위치가 고전적인 보존 법칙처럼 서로 결정되어 있다. 그러므로 파동함수의 붕괴와 원격작용이 일어날 필요가 없게 된다. 따라서 양자역학에서 나타나는 비국소성은 그다지 신기할 것 없는 보존법칙으로 설명되는 것이다.

봄은 그의 제자 야키르 아하로노프Yakir Aharonov, 1932~와 함께 논의를 더 발전시켰고, 원자 스핀을 이용하면 사고실험이었던 EPR 실험이 실제 검증 가능한 실험이 될 수 있음을 보여주었다.[37]

심판자, 존 벨

2차 세계대전은 어떤 면에서 미국에게 승전 이상의 선물을 안겼다고 할 수 있다. 그 선물은 다름 아닌, 아인슈타인을 비롯해, 엔리코 페르미Enrico Fermi, 한스 베테Hans Bethe, 에밀리오 세그레Emilio Segrè, 유진 위그너Eugene Wigner, 존 폰 노이만 등, 최정상급 물리학자들이 대거 미국으로 망명하여 미국을 물리학 최강국으로 올려놓은 것을 말한다.

전쟁 중에 육군의 군사 기지로 사용되었던 업튼 캠프Upton camp는 브룩헤이븐 국립 연구소의 부지가 되었고, 그곳에 핵

물리학 연구를 위한 원자로와 가속기가 속속 들어서기 시작했다.

유럽의 입장에선 전쟁 통에 우수한 두뇌들이 유출되어, 미국의 발전을 이끌고 있었으니 아쉬움이 클 수밖에 없었다. 유럽은 빠른 시일내 유럽의 물리학을 재건하기 위하여, 이들을 다시 유럽으로 불러 들일 아이디어가 필요했다. 그래서 만들어진 것이 바로 유럽입자물리연구소CERN, Conseil Européen pour la Recherche Nucléaire였다.

영국의 원자력연구기관인 하웰연구소Harwell Laboratory에서 일하던 존 스튜어트 벨이 유럽입자물리연구소에 합류한 것은 1960년이었다. 이론물리학을 전공한 벨은 그곳에서 가속기를 설계하는 일을 맡았지만, 이론물리 연구에도 힘을 쏟았다.

특별히 그의 관심이 꽂힌 곳은 양자역학의 해석이었다. 대학원생 시절에 읽었던 데이빗 봄의 양자역학에 크게 감명을 받은 벨은 숨은 변수를 가진 양자역학이 올바른 이론일 것이라 생각했다. 관찰 행위에 영향을 받는 양자역학을 받아들이기 힘들었기 때문이다.

벨은 슬레이터와 드브로이가 시작하고 봄이 완성한 숨은 변수 이론이 억울한 죽임을 당했다고 생각했다. 그것은 바로 폰 노이만의 '숨은 변수를 포함한 양자역학은 성립할 수 없다'라는 불완전한 정리 때문이었다. 벨은 일찍이 폰 노이만의 정리에 오류가 있음을 깨달았고, 그렇다면 학계가 숨은 변수 이론을 배제하는 것이 정당하지 않다고 생각했다.

벨은 가속기 개발에 참여하며 바쁜 일상을 보내다가 1964년에 미국 스탠퍼드 선형 가속기 센터SLAC에서 안식년을 보내게 된다. 벨은 그곳에서 폰 노이만의 증명의 오류에 대한 논문을 냈다. 이어 숨은 변수 이론은 국소적일 수 없다는 정리를 실은 두 번째 논문을 연이어 냈다.[38]

바로 이 두 번째 논문이 그 유명한 벨 부등식을 세상에 알린 그 논문이다. 벨이 쓴 첫 번째 논문은 편집자와의 배달 사고로 발표가 늦춰지는 바람에 'EPR 역설에 관하여'란 제목의 두 번째 논문이 1964년에 먼저 발표된 것이다.[39]

복잡해 보이지만 당연한 벨 부등식

벨 부등식이 무엇인지 이해하기 위해 먼저 아주 고전적인 예를 한번 들어보겠다. 세계 최고의 음식을 선보이는 셰프가 운영하는 아주 유명한 레스토랑이 있다. 음심을 맛보려고 예약한 손님만이 하도 많아 1년 내내 만석인 이 레스토랑은 하루에 손님을 딱 두 명만 받는다.

셰프는 전식, 본식, 후식으로 구성된 메뉴를 구성한다. 하루에 손님이 딱 2명이기 때문에 전식 2가지, 본식 2가지, 후식 2가지만 준비한다. 셰프는 1년 내내 똑같은 음식을 준비한다. 전식으로 샐러드와 수프, 본식으로는 스테이크와 생선, 마지막으로 후식은 케이크와 아이스크림, 이렇게 2가지씩 준비한다.

이제 첫 손님이 와서 샐러드와 스테이크, 그리고 케이크를 주문했다고 치자. 그러면 두 번째로 들어온 손님은 어쩔 수

전식		샐러드 : 수프
본식		스테이크 : 생선
후식		케이크 : 아이스크림

◉ 셰프의 차림표

없이 남은 메뉴인 수프와 생선 요리 그리고 아이스크림을 주문할 수밖에 없다.

다른 예로, 손님 A가 샐러드/스테이크/아이스크림을 주문하면 B는 어쩔 수 없이 수프/생선/케이크를 선택할 수밖에 없다. A가 샐러드/생선/케이크를 선택하면 B는 수프/스테이크/아이스크림을 선택할 수밖에 없다.

즉 두 손님이 주문 하는 음식의 종류는 완벽하게 얽힌 관계에 있을 수밖에 없다. 이런 얽힌 관계에서는 다음 그림과 같이 총 8가지 조합이 가능하다.

이렇게 1년 동안 레스토랑을 운영하면서, 첫 번째 온 손님과 두 번째 온 손님이 어떻게 주문했는지를 일일이 기록하여 통계를 내보자. 1번 조합으로 주문한 횟수가 n_1회, 2번 조합으로 주문한 횟수 n_2회, 3번 조합으로 주문한 횟수를 n_3회, 등으로 결과가 나왔다고 하자. 1년 동안 식당을 운영한 횟수 n은 $n_1+n_2+n_3+n_4+n_5+n_6+n_7+n_8$이 될 것이다.

그러면 각각의 음식 주문 조합일 일어날 확률은 간단히 아래와 같이 계산할 수 있다.

$$p_i = \frac{n_i}{n}$$

여기서 p_i는 손님 A와 B가 i번째 조합으로 음식을 시킬 확률이고, 1년 중 n_i는 손님 A와 B가 i번째 조합으로 음식을 시킨 횟수다.

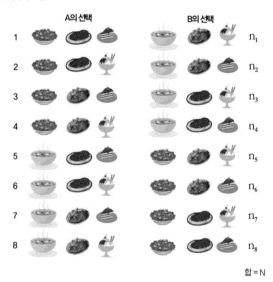

합 = N

이번에는 조건부 확률을 계산해보자. 예를 들어, 손님 A가 샐러드를 고르고, B가 스테이크를 고르는 확률, $P(A샐, B스)$을 생각해보자. 손님 A가 샐러드를 고른 건 1, 2, 3, 4번의 조합이고, 이때 손님 B가 스테이크를 고른 것은 3, 4번 조합뿐이다. 따라서 이 확률은 $p_3 + p_4$가 된다.

$$P(A샐, B스) = p_3 + p_4$$

다음으로 A가 스테이크를 고르고, B가 케이크를 고르는 경우를 생각해보자. A가 스테이크를 고르는 것은 1, 2, 5, 6번 조합이고, 이때 B가 케이크를 고른 것은 2번과 6번뿐이다. 따라서,

$$P(A스, B케) = p_2 + p_6$$

가 된다. 마지막으로, A가 샐러드를 고르고 B가 케이크를 고르는 경우의 확률도 계산해보면, 다음과 같다.

$$P(A샐, B케) = p_2 + p_4$$

이제 위의 두 식을 더해, 세 번째 식과 비교해보자.

$P(A$샐$, B$스$)+P(A$스$, B$케)=p_3+p_4+p_2+p_6=P(A$샐$, B$케$)+p_3+p_6$

그러므로 p_3와 p_6가 둘 다 0인 경우를 포함하여, 아래의 부등식은 항상 성립한다.

$$P(A$샐$, B$스$)+P(A$스$, B$케$) \geq P(A$샐$, B$케$)$$
$$p_3+p_4+p_2+p_6 \geq p_2+p_4$$

어떤가? 복잡해 보이지만 별거 아니지 않은가? A가 샐러드, B가 스테이크를 고를 확률과 A가 스테이크, B가 케이크를 고를 확률의 합은 항상 A가 샐러드, B가 케이크를 고를 확률보다 크다. 문장이 복잡해 금방 떠올리기는 힘들어도 간단한 산수로도 쉽게 도출할 수 있는 부등식이다. 이게 바로 벨 부등식이다.

예를 들어, 어떤 물리량을 측정하는 잣대가 3가지가 있어, 이를 각각, a, b, c라고 하자. 그러면, 이 3가지 잣대로 측정한 A와 B 사이의 관계는 아래의 부등식을 만족한다.

$$P(a, b)+P(b, c) \geq P(a, c)$$

자, 지금까지는 쉬웠고, 어려운 건 이제부터다. 음식이 아니라, 양자 세계로 들어가 스핀을 가지고, 벨 부등식을 계산해보자.

양자 얽힘을 실험하다

양자 얽힘 이야기로 돌아가보자. 양자 얽힘 현상이 그냥 단순한 보존 법칙에서 생기는 것인지, 즉 숨은 변수 이론이 주장하듯 미리 결정된 상태를 관측하는 것인지, 아니면 진짜로 한쪽 파동함수의 붕괴가 다른 쪽 파동함수의 붕괴를 일으키는 것인지 검증하는 실험이 가능할까? 이를 위해서는 우선 얽혀 있는 양자 상태를 만들어야 한다. 그리고는 두 양자 상태를 멀리 떨어뜨려놓고 나서 한쪽을 관측하고, 다른 쪽도 마저 관측하여, 두 상태를 비교해보는 실험을 해야 한다.

먼저 가상의 실험 재료로 스핀이 0인 *C*란 분자를 생각해 보자. *C*분자는 A란 원자 2개의 결합 된 상태인데, 편의상 하나는 A라 하고 다른 원자는 B라고 부르자. 앞서 EPR 역설을 애기할 때 소개했던 수소 분자와 두 수소 원자의 관계를 생각해도 좋다.

이 동일한 두 원자는 슈테른-게를라흐 실험에 사용된 은 원자처럼 2분의 1 스핀을 가졌다고 가정하자. 즉 궤도 각운동량은 0이고 전자에 의한 스핀만 있다고 가정하는 것이다.

이제 C분자가 어떤 영향을 받아, 2개의 원자로 쪼개진다고 하자. 이 반응식을 아래와 같이 쓸 수 있다.

$$C \rightarrow A + B$$

최초에 C분자가 정지해 있었다면, 쪼개진 두 원자는 서로 반대 방향을 향해 날아갈 것이다. 이 경우 두 원자의 스핀을 관측해보면, 하나는 위 스핀(↑)이고 다른 하나는 아래 스핀(↓)으로 측정될 것이다. 물론 어느 쪽 원자가 스핀 ↑을 가지고, 어느 쪽이 스핀 ↓을 가지고 있는지는 알 수 없다.

여기서 중요한 것은 한 원자의 스핀 상태가 정해져 있는 것이 아니라는 점이다. 관측을 통해 원자의 스핀을 측정해보기 전까지는 그렇다는 것이다. 그럼 원자의 스핀은 어떻게 측정할 수 있을까?

이는 앞서 설명한 비균질 자석을 이용한 슈테른-게를라흐 실험 장치를 활용하면 된다. 이 경우에는 두 원자가 서로 반대 방향으로 날아가니까, 그 방향으로 슈테른-게를라흐 실

험 장치를 정렬해놓았다고 하자. 그리고 스크린은 위아래 두
부분으로 나누어 서로 독립된 신호를 발생하게 만들었다고
하자.

편의상 위에 설치된 스크린을 회색, 아래 설치된 스크린을
보라색 스크린이라 부르자. 그러면, 다음 그림과 같은 실험
장치가 완성된다.

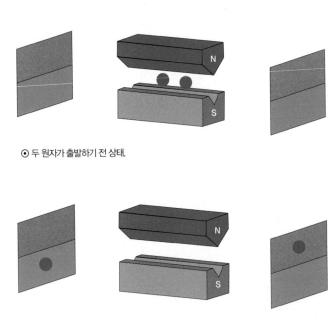

⊙ 두 원자가 출발하기 전 상태.

⊙ 두 원자의 스핀이 결정되어 양쪽 스크린에 도달한 상태. 이로부터 두 원자의 스핀 상태를
알 수 있다.

실험이 시작되면, 양쪽 스크린을 향해 달려가는 두 원자는 각기 자신의 스핀에 따라 위 또는 아래로 움직인다. 얽힌 관계에 있는 두 원자는 서로 스핀이 반대 방향이기 때문에, 한쪽 원자가 위로 향하면, 반대쪽 원자는 아래를 향해 달려갈 것이다.

따라서 이들은 서로 다른 색깔의 스크린에 도착한다. 회색 스크린에 불이 들어오는가, 아니면 보라색 스크린에 불이 들어오는가에 따라 원자의 스핀을 결정할 수 있게 된다.

그럼 한쪽 원자의 스핀이 '위'로 결정되었을 때, 반대쪽 원자의 스핀이 '아래'로 결정될 확률을 계산해보자.

먼저 다음 페이지의 첫 번째 그림을 보자. A원자는 스크린의 윗부분을 향하고, B원자는 스크린의 아랫부분을 향하고 있다.

A원자가 윗부분에 도달할 확률, 즉 A원자가 위 스핀을 가질 확률은 0.5이다. B가 아래를 향할 확률, 즉 아래 스핀을 가질 확률도 0.5이다. 이는 간단히 화살표가 들어갈 면적만 따지면 된다. 둘 다 전체 원에서 반 원에 해당되는 크기를 갖는다. 이를 수식으로 쓰면 다음과 같다.

$$P(A\uparrow,\ B\downarrow)=0.5$$

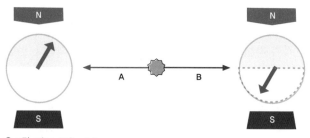

⊙ 그림 P(A↑, B↓) = 0.5

다음으로 아래의 그림을 보자. 이번에 B원자를 측정하는 장치가 시계방향으로 45도 돌아가 있다. A원자의 스핀을 측정하는 장치와 B원자의 스핀을 측정하는 장치가 서로 45도의 각도로 설정되어 있는 것이다. 이 경우 B원자가 아래 스핀으로 결정될 확률은 4분의 1이 줄어들어, 0.375가 된다. 0.375는 점선 속에 들어 있는 하얀 색 부분의 면적이다.

$$P(A\uparrow, B\downarrow)(\theta=45)=0.375$$

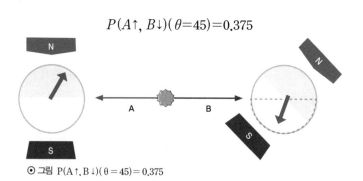

⊙ 그림 P(A↑, B↓)(θ = 45) = 0.375

자석을 더 돌리면 어떻게 될까? 이제 B원자가 아래 스핀으로 결정될 확률은 더 줄어들어 0.25가 된다. 마찬가지로 0.25는 점선 속에 들어 있는 하얀 색 부분의 면적이다.

$$P(A\uparrow, B\downarrow)(\theta=90)=0.25$$

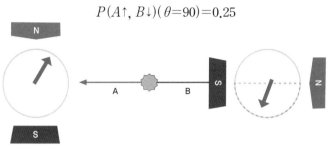

⊙ 그림 $P(A\uparrow,B\downarrow)(\theta=90)=0.25$

마지막으로, 다음 4번째 그림과 같이 B원자의 스핀을 측정하는 장치를 완전히 180도 뒤집어놓자. 그러면, B원자가 아래 스핀으로 측정되는 경우가 아예 없을 것이다. 오히려 위 스핀으로 측정된다.

$$P(A\uparrow, B\downarrow)(\theta=180)=0.0$$

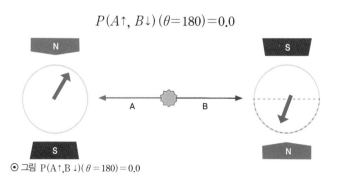

⊙ 그림 $P(A\uparrow,B\downarrow)(\theta=180)=0.0$

이제, 이 스핀 실험을 앞서 소개했던 레스토랑의 예와 비교해보자. 전식, 본식, 후식 3가지 메뉴를 스핀을 측정하는 방향이라 생각해보자. 그리고 이 방향을 각기 a, b, c라고 부르자.

다음으로 전식의 샐러드를 스핀 업, 수프를 스핀 다운, 본식의 스테이크를 스핀 업, 생선을 스핀 다운, 후식의 케이크를 스핀 업, 아이스크림을 스핀 다운으로 표시하자. 즉 측정하는 방향에 따라 2가지 스핀 상태가 있는 것이다.

그러면 앞의 음식 메뉴 통계표는 다음과 같이 간단히 정리할 수 있다.

A 원자의 스핀	B원자의 스핀	확률
$a\uparrow b\uparrow c\uparrow$	$a\downarrow b\downarrow c\downarrow$	p_1
$a\uparrow b\uparrow c\downarrow$	$a\downarrow b\downarrow c\uparrow$	p_2
$a\uparrow b\downarrow c\uparrow$	$a\downarrow b\uparrow c\downarrow$	p_3
$a\uparrow b\downarrow c\downarrow$	$a\downarrow b\uparrow c\uparrow$	p_4
$a\downarrow b\uparrow c\uparrow$	$a\uparrow b\downarrow c\downarrow$	p_5
$a\downarrow b\uparrow c\downarrow$	$a\uparrow b\downarrow c\uparrow$	p_6
$a\downarrow b\downarrow c\uparrow$	$a\uparrow b\uparrow c\downarrow$	p_7
$a\downarrow b\downarrow c\downarrow$	$a\uparrow b\uparrow c\uparrow$	p_8

셰프의 벨 부등식을 스핀으로 표현하면 다음과 같다.

$$P(A\text{샐}, B\text{스}) + P(A\text{스}, B\text{케}) \geq P(A\text{샐}, B\text{케})$$

$$P(A{:}a{\uparrow}, B{:}b{\uparrow}) + P(A{:}b{\uparrow}, B{:}c{\uparrow}) \geq P(A{:}a{\uparrow}, B{:}c{\uparrow})$$

$$p_3 + p_4 + p_2 + p_6 \geq p_2 + p_4$$

한 가지 예로, a를 0으로 놓고, b를 0도에서 180도까지 변화시켜보자. 그러면 다음과 같이 단순한 비례 관계를 얻는다.

$$P(A{:}a{\uparrow}, B{:}b{\uparrow})(\theta) = \frac{1}{2}\left(1 - \frac{\theta}{\pi}\right)$$

이제는 양자역학을 꺼낼 때가 됐다. 스핀은 양자역학적인 현상이고, 스핀의 측정은 불확정성 원리의 지배를 받는다. 예를 들어 a방향을 z축이라 하고, y축을 중심으로 만큼 회전시킨 방향을 b라 하자. 그럼 A원자가 a방향으로 위 스핀이고, B원자가 b방향으로 위 스핀인 경우를 양자역학으로 계산하면 다음과 같다.[*]

$$P(A{:}a{\uparrow}, B{:}b{\uparrow})(\theta) = \frac{1}{2}\cos^2\frac{\theta}{2}$$

---

[*] 뒤에 나오는 〈한 걸음 더〉에 자세한 논의가 있다.

따라서 양자역학으로 계산한 확률은 스핀 실험에서 면적만 가지고 계산한 결과와 차이가 날 수밖에 없다. 각도를 변경해가면서 $\frac{1}{2}(1-\frac{\theta}{\pi})$과 $\frac{1}{2}\cos^2\frac{\theta}{2}$의 차이를 그려보면 다음과 같다.

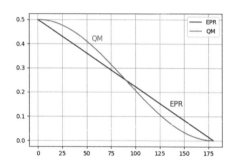

⊙ 스핀 상관관계를 보여주는 확률 분포. 파란선은 고전적인 얽힘이고, 빨간선은 양자 얽힘을 나타낸다.

이제 파동함수에서 얻어지는 확률을 써서, 양자역학 버전의 벨 부등식을 얻을 수 있다.

$$P(A: a\uparrow, B: b\uparrow) + P(A: b\uparrow, B: c\uparrow) \geq P(A: a\uparrow, B: c\uparrow)$$
$$\cos^2\frac{\theta_{ab}}{2} + \cos^2\frac{\theta_{bc}}{2} \geq \cos^2\frac{\theta_{ac}}{2}$$

그럼 실험 장치를 몇몇 돌려가면서, 벨 부등식이 항상 성립하는지 알아보자.

$\theta_{ab}, \theta_{bc}, \theta_{ac}$	$\cos^2\frac{\theta_{ab}}{2}+\cos^2\frac{\theta_{bc}}{2}$	$\geq$	$\cos^2\frac{\theta_{ac}}{2}$
$\theta_{ab}=\frac{1}{4}\pi,\ \theta_{bc}=\frac{1}{4}\pi,\ \theta_{ac}=\frac{1}{2}\pi$	$0.8536+0.8536$	$>$	0.5000
$\theta_{ab}=\frac{1}{4}\pi,\ \theta_{bc}=\frac{1}{2}\pi,\ \theta_{ac}=\frac{3\pi}{4}$	$0.8536+0.5000$	$>$	0.1464
$\theta_{ab}=\frac{1}{2}\pi,\ \theta_{bc}=\frac{1}{2}\pi,\ \theta_{ac}=\pi$	$0.5000+0.5000$	$>$	0
$\theta_{ab}=\frac{1}{2}\pi,\ \theta_{bc}=\frac{3}{4}\pi,\ \theta_{ac}=\frac{5}{4}\pi$	$0.5000+0.1464$	$<$	0.1464
$\theta_{ab}=\frac{3}{4}\pi,\ \theta_{bc}=\frac{3}{4}\pi,\ \theta_{ac}=\frac{3}{2}\pi$	$0.1464+0.1464$	$<$	0.5000

앞의 표에서 보듯이, $\theta_{ab}=\frac{1}{2}\pi$, $\theta_{bc}=\frac{3}{4}\pi$, $\theta_{ac}=\frac{5}{4}\pi$인 경우와 $\theta_{ab}=\frac{3}{4}\pi$, $\theta_{bc}=\frac{3}{4}\pi$, $\theta_{ac}=\frac{3}{2}\pi$인 경우에는 벨 부등식이 성립하지 않는다. 따라서 아래와 같은 결론에 도달한다.

"두 원자의 스핀을 독립적으로 측정할 수 있는 실험 장치 2개를 만들고, 두 실험 장치의 각도를 바꾸어가면서 사건의 개수를 세서 각도별 확률을 계산한다. 벨 부등식이 항상 성립하면 숨은 변수 이론의 예측이 맞다. 벨 부등식이 성립하지 않는 경우가 발생하면 양자역학이 맞다."

스핀이 z축으로 정렬되어 있고, 이때의 위 스핀을 행렬로 $\begin{pmatrix} 1 \\ 0 \end{pmatrix}$으로 표시하고, 아래 스핀은 $\begin{pmatrix} 0 \\ 1 \end{pmatrix}$으로 쓰자. 위 스핀을 y축을 중심으로 반 시계 방향으로 θ만큼 회전시키려고 하면 아래와 같이 회전 행렬을 곱하여 얻을 수 있다.

$$\begin{pmatrix} \cos\dfrac{\theta}{2} & -\sin\dfrac{\theta}{2} \\ \sin\dfrac{\theta}{2} & \cos\dfrac{\theta}{2} \end{pmatrix}\begin{pmatrix} 1 \\ 0 \end{pmatrix} = \begin{pmatrix} \cos\dfrac{\theta}{2} \\ \sin\dfrac{\theta}{2} \end{pmatrix}$$

참고로, 스핀에 있어서는 θ만큼 회전이 $\dfrac{\theta}{2}$만큼의 변환에 해당된다. 그래서 스핀을 완전히 한바퀴 돌리려면, 360도가 아니라 720도를 돌려야 한다.

이로부터 한쪽 스핀이 $\begin{pmatrix} 0 \\ 1 \end{pmatrix}$이고, 반대쪽 스핀이 회전된 $\begin{pmatrix} \cos\dfrac{\theta}{2} \\ \sin\dfrac{\theta}{2} \end{pmatrix}$ 인 경우를 가질 양자역학적 확률은 다음과 같다.

$$\left| (1\ 0)\begin{pmatrix} \cos\dfrac{\theta}{2} \\ \sin\dfrac{\theta}{2} \end{pmatrix} \right|^2 = \cos^2\dfrac{\theta}{2}$$

따라서 다음과 같이 된다.

$$P(a\uparrow,\ b\uparrow) = \left[(1\ 0)\begin{pmatrix} \cos\dfrac{\theta}{2} \\ \sin\dfrac{\theta}{2} \end{pmatrix} \right]^2 = \cos^2\dfrac{\theta}{2}$$

10부
활짝 열린 양자 세계

벨 부등식으로 양자역학의 비국소성을 테스트할 길이 열렸다.
코펜하겐 해석을 놓고 일어났던 기나긴 양자 전쟁의 승패가
가려질 시간이 다가오고 있었던 것이다. 2022년 노벨
물리학상 수상자들이 바로 이 종전을 이끈 주역이었다.
이들의 실험으로 양자역학은 다시 한번 인간의 직관과는
다르게 작동되는 이론임이 입증되었다. 그러나 동시에
인간은 과거에는 생각조차 할 수 없었던 새로운 문명의
시대를 맞이할 수 있게 된다. 바로 양자 기술의 시대가
활짝 열린 것이다.

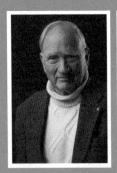

존 클라우저
(John Clauser, 1942~)

알랭 아스페
(Alain Aspect, 1947~)

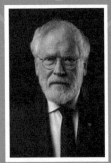

안톤 차일링거
(Anton Zeilinger, 1945~)

귀신이 곡할 노릇이네

프린스턴 대학에서 박사학위를 받은 아브너 시모니Abner Shimony, 1928~2015가 EPR 논문을 접한 것은 1962년이었다. 이후 벨의 논문이 발표되자 시모니는 벨 부등식을 가지고 비국소적인 양자역학과 숨은 변수 이론 중 어느 것이 맞는 것인지를 실험적으로 판단해낼 수 있다는 사실에 가슴이 뛰었다.

시모니는 우-샤크노프 실험을 떠올렸다. 이 실험의 결과는 분명 전자-양전자의 쌍소멸에서 나오는 두 광자가 얽혀 있다는 해석을 가능케 했다. 하지만 우-샤크노프의 실험은 두 광자의 편광 방향이 얽혀 있다는 것만 보여줄 뿐, 그 자체로 벨 부등식의 성립 여부를 이야기해줄 수는 없었다. 시모니는 얽힌 광자 실험을 다시 해봐야겠다는 생각에 깊이 빠져 들고 있었다.

벨의 논문을 읽고 양자 얽힘 실험을 계획했던 것은 시모니만은 아니었다. 컬럼비아 대학에서 천체물리학을 공부하던 대학원생 존 클라우저도 똑같은 생각을 가지고 있었다. 우-샤크노프의 실험은 감마선이 일으키는 컴프턴 산란을 측정하기 때문에 얽힌 두 광자의 상관 관계를 보기에는 정밀도가 떨어졌다. 클라우저의 눈에 들어 온 것은 코허와 코민스Kocher-Commins의 실험이었다.

버클리 대학의 유진 커민스Eugene Commins, 1932~1915는 대학원생 카를 코허Carl Kocher와 함께 들뜬 칼슘 원자에서 방출되는 두 광자의 편광을 조사하고 있었다. 이 실험의 가장 큰 장점은 얽힌 두 광자가 가시광선이라는 것이었다.

우-샤크노프 실험에서 다루는 얽힌 광자는 감마선이기 때문에 편광 상태를 정밀하게 알기 힘들었다. 그에 비해, 가시광선은 일반적인 편광 필터를 사용해 편광을 측정할 수 있으므로 정밀한 실험이 가능했다.

코허-커민스 실험에선 왜 칼슘 원자를 광원으로 사용했을까? 칼슘의 원자 번호는 20번이다. 칼슘 원자의 전자 배치도는 $1s^2 2s^2 2p^6 3s^2 3p^6 4s^2$ 이다. 시료인 칼슘을 가열해 기체 상태의 원자로 만들고 나서 강한 빛을 쪼이면 칼슘 원자는 들뜬 상태가 된다.

예를 들면, 제일 외각 4층에 있던 전자가 그 보다 더 높은

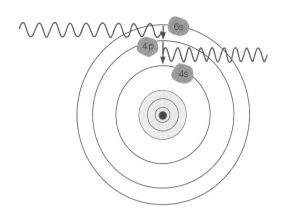

층의 궤도로 천이한 상태가 된다. 특히 6층까지 올라간 전자는 아주 재미난 현상을 일으킨다. 바로, 6s 궤도까지 올라간 전자가 선택규칙에 의해 4p 궤도를 거쳐 원래 있던 4s궤도로 돌아오는 2 단계 천이가 일어난다는 점이다. [*]

이 경우 전자가 6s에서 4p궤도로 천이할 땐 551 나노미터의 초록색 빛을 낸다. 곧이어 4p에서 4s로 내려올 땐 423 나노미터의 보라색 빛을 낸다. 이렇게 발생한 두 빛은 가시광선에 속한다. 따라서 편광 필터를 사용해 두 광자의 편광 상관관계를 얻을 수 있다.

1967년에 논문으로 발표된 코허-커민스의 실험 결과는

---

[*] 원자 모델에서 선택규칙은 전자의 천이가 가능한 궤도와 불가능한 궤도를 알려주는 역할을 한다.

두 광자가 서로 평행한 편광 관계를 가짐을 보였다. 하지만 이 결과에서 두 광자의 얽힘이 양자역학으로부터 나온 것인지, 숨은변수이론으로 얻어진 것인지를 구별할 수는 없었다.[40]

왜냐하면 애초부터 코허-커민스는 벨 부등식을 염두에 두지 않고, 두 편광판을 평행 또는 수직으로만 놓고 실험을 했기 때문이다. 벨 부등식에 따르면 양자역학과 숨은 변수 이론에서 가장 큰 차이를 보여주기 위해서는 두 편광판을 45도나 135도로 비스듬히 놓고 실험을 했어야 했다.

한편 보스턴 대학의 시모니는 대학원생 마이클 혼Michael Horne, 그리고 하버드 대학의 대학원생 리처드 홀트Richard Holt 와 함께 수은 원자에서 방출되는 얽힌 광자를 가지고 실험할 계획을 세우고 있었다. 우연치 않게 컬럼비아 대학의 클라우저가 같은 실험을 추진하고 있다는 걸 알게 된 시모니는 그에게 전화를 하여 함께 실험을 해보자는 제안을 했다.

이로써 뉴욕과 보스턴의 두 연구진은 공동으로 실험을 설계하기 시작한다. 이들은 1969년에 국소적 숨은변수이론을 검증하기 위한 실험을 공동으로 제안하기에 이르렀다. 여기서 이들은 코허-커민스의 실험을 수정하여 편광판을 여러 각도로 놓고 실험을 하면 벨 부등식을 검증할 수 있음을 알린다.[41]

존 클라우저와 프리드만의 실험

그러나 클라우저와 시모니 연구진의 공동 실험은 계획대로 추진되지는 못했다. 같은 해 학위를 마친 클라우저에게 새로운 직장이 생겼기 때문이었다. 클라우저의 새 일터는 서부의 버클리 대학이었다.

클라우저에게 버클리 대학은 특별한 의미가 있는 곳이었다. 왜냐하면 그곳은 바로 코허-커민스의 실험이 수행된 곳이 때문이었다. 그러나 막상 버클리에 도착해 커민스를 만난 클라우저는 실망할 수밖에 없었다. 커민스가 벨 부등식의 검증을 위해 실험 장치를 개조하는 것에 관심이 없었기 때문이었다.

그렇다고 클라우저가 좌절할 인물은 아니었다. 클라우저는 그곳에서 만난 대학원생 스튜어트 프리드만Stuart Freedman과 함께 직접 코허-커민스 실험 장치를 직접 만들기 시작했다. 2년에 걸친 각고의 노력 끝에 마침내 클라우저와 프리드만은 편광판을 여러 각도로 조절해가면서 두 광자의 얽힘 상태를 측정할 수 있는 실험 장치를 완성했다.

클라우저와 프리드만의 실험 결과가 나오기까지는 몇 번의 우여곡절이 있었다. 처음에는 숨은 변수 이론을 지지하는 듯한 결과가 나왔다. 그런데 알고 보니 그 데이터는 실험

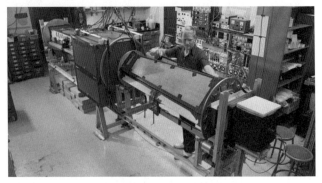

⊙ 클라우저와 프리드만이 제작한 얽힌 광자의 편광 측정 장치.

장치가 제대로 작동되지 않았기 때문에 만들어진 오류였다.

클라우저와 프리드만이 최종적으로 실험을 마치고 그 결과를 보고한 것은 1972년이었다. 《피지컬 리뷰 레터스》에 발표한 그들의 결과는 두 광자의 편광 상관관계가 벨 부등식을 위배한다는 것이었다.[42]

이는 양자역학이 비국소적이란 것을 입증한 것이었다. 클라우저의 실험 장치에서는 아인슈타인이 말하던 유령 같은 원격작용이 실제로 벌어지고 있었던 것이다. '귀신이 곡 할 노릇'이었다.*

---

* 엄밀히 말해 클라우저와 프리드만의 실험에서 검증한 것은 벨 부등식이 아니라 이를 실험에 맞게 변형한 CHSH 부등식이었다. 여기서 CHSH는 1969년 이 부등식을 제안한 네 사람, 즉 클라우저Clause, 혼Horne, 시모니Shimony, 홀트Holt의 앞 자를 따서 만든 이름이다.

Experimental Test of Local Hidden-Variable Theories*

Stuart J. Freedman and John F. Clauser

Department of Physics and Lawrence Berkeley Laboratory, University of California, Berkeley, California 94720
(Received 4 February 1972)

We have measured the linear polarization correlation of the photons emitted in an atomic cascade of calcium. It has been shown by a generalization of Bell's inequality that the existence of local hidden variables imposes restrictions on this correlation in conflict with the predictions of quantum mechanics. Our data, in agreement with quantum mechanics, violate these restrictions to high statistical accuracy, thus providing strong evidence against local hidden-variable theories.

⊙ 1972년 클라우저와 프리드만이 발표한 논문의 초록. 숨은 변수 이론에 반하고, 양자역학과 부합하는 결과를 얻었다고 보고한다.

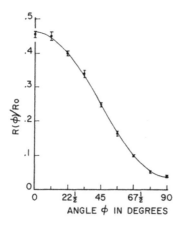

⊙ 1972년 클라우저와 프리드만이 발표한 논문 속의 결과 그림. 편광 상관관계가 각도에 따라 직선으로 줄어들지 않고, 양자역학의 예측대로 S자형 곡선을 그린다.

한편 하버드의 대학원생이었던 홀트도 수은 원자로 한 실험 결과를 얻었고, 이를 학위 논문을 제출했다. 놀랍게도 홀트의 실험 결과는 벨 부등식이 전 영역에서 성립했고, 따라서 숨은 변수 이론을 지지하는 결과였다.

상반된 결과는 물리학계에 큰 관심을 이끌 수밖에 없

었다. 여러 곳에서 비슷한 양자 얽힘 실험이 수행되었다. 1970년대에 서로 다른 연구자들에 의해 수행된 총 8번의 실험은 6 대 2의 비율로 양자역학의 손을 들어주었다.

하지만 물리학은 다수결로 결정되는 학문이 아니다. 이는 곧, 단순히 편광판을 돌려가며 하는 실험에 문제가 있음을 보여주는 반례로 해석되었다.

종지부를 찍은 알랭 아스페

혼란스러웠던 양자 얽힘 실험에 종지부를 찍은 사람은 알랭 아스페였다. 프랑스 파리에 있는 고등사범학교의 대학원생이었던 아스페는 당시 수행되던 얽힌 광자 실험에 허점이 있다는 생각을 하고 있었다.

클라우저의 실험에서 두 광자의 편광 측정 방향이 고정되어 있었다. 그렇기 때문에 한쪽 편광판에서 측정된 광자의 파동함수 정보가 반대쪽을 달리는 광자에 광속도로 전달될 가능성을 완전히 배제할 수 없다는 문제였다.[*]

아스페는 두 측정 사이에 어떠한 신호도 교환될 수 없게 하기 위해 두 광자가 이동하는 도중에 편광판의 방향을 무

---

[*] 이를 '국소성의 허점locality loophole'이라고 부른다.

작위로 변경해야 한다고 주장했다. 즉 한쪽의 측정이 다른 쪽의 측정에 영향을 미치지 못하도록 실험 장치를 인과율적으로 분리해야만 온전한 양자 얽힘 효과를 볼 수 있다고 생각했다.

이런 실험이 가능하기 위해서는 클라우저의 실험 장치보다 더 긴 실험 장치가 필요했다. 광자가 날아가는 통로의 길이가 길면 길수록, 광원에서 출발한 광자가 편광판에 닿기까지 더 시간이 걸리게 된다. 그러므로 편광판의 방향을 돌릴 수 있는 시간적 여유를 얻을 수 있다.

구체적으로 아스페가 설계한 실험 장치는 광원에서 편광기까지의 거리가 6m 정도였다. 그렇다면 광원에서 출발한 광자가 편광기에 도달하기까지는 20ns(나노초) 정도가 걸린다.

따라서 한쪽 편광기에 도착한 광자가 반대쪽 광자에게 정보를 전달하기까지는 40ns가 소요된다. 아스페는 2개의 편광기가 각기 서로 다른 주기로 10ns 정도의 간격으로 방향을 바꾸게 설계했다. 따라서 양쪽 편광판은 측정할 때마다 서로 무작위의 방향을 향하게 된다. 물론 두 편광기의 각도는 매번 기록이 되므로 벨 부등식을 검증하는 것에는 문제가 없다.

이와 같이 아스페의 실험에서는 두 편광판에서 일어나

는 측정이 시공간적으로 충분히 떨어져 있어, 완벽한 '인과적 분리'가 보장되었다. 실험을 통해 아스페는 숨은 변수 이론과 비교했을 때 표준편차의 5배 이상 차이가 나는 결과를 얻었다. 이는 벨 부등식이 지켜지지 않고 있음을 뜻했다. 이로써 양자역학이 인간의 직관과 달리 비국소적임이 확정되었다.[43]

얽힘의 마법사

 2022년 존 클라우저와 알랭 아스페와 함께 노벨상을 받은 세 번째 수상자는 안톤 차일링거였다. 차일링거는 앞의 두 수상자와 달리 "양자정보과학의 개척Pioneering Quantum Information Science"이라는 업적으로 노벨상을 수상했다. 존 클라우저와 알랭 아스페의 업적이 양자역학의 비국소성을 입증한 학술적 의의에 있었다면, 안톤 차일링거의 업적은 양자정보과학이란 미래 산업을 개척했다는 의미가 컸다고 하겠다.

 차일링거는 원래 중성자의 간섭을 주로 연구했으나, 1980년대 말부터 두 입자를 넘어서는 다중 입자의 얽힘 현상을 연구하면서, 본격적으로 얽힌 광자에 대한 연구를 시작했다. 차일링거가 이룬 수 많은 성과 중 1997년에 《네이처Nature》에 발표한 양자 원격이동 Quantum Teleportation은 양자 정보 이론에

획을 그은 업적으로 인정받고 있다.[44]

양자 원격이동은 측정되지 않는 양자 상태를 먼 거리로 이송한 뒤, 한 쪽에서 측정을 수행하여 양자 상태를 붕괴시키면서, 수신자 쪽에서 붕괴된 정보를 동시에 얻어내는 과정을 말한다.

차일링거는 2000년에 3개의 광자를 얽히게 만드는 실험에도 성공한다.[45] 3개의 광자를 얽히게 만들 수 있다면, 4개도 가능하다는 얘기가 된다. 당연히 4개가 가능하면 5개도 가능할 것이고, 계속 확장해나간다면 n개 양자 상태도 얽히게 만들 수 있음을 뜻한다. 차일링거의 업적은 곧 n개에 큐비트를 얽힘 상태로 만들 수 있음을 의미함과 동시에 양자 컴퓨터 가능성을 입증한 것으로도 평가된다.

차일링거는 양자 원격이동 기술을 응용하여 양자컴퓨터에 활용될 수 있는 큐비트 전송에도 성공했다.[46] 이후 카나리섬에서 진행된 실험에선 인공위성을 활용하여 자그마치 144km 떨어진 곳에 큐비트의 순간 이동도 선보였다.[47]

차일링거는 또한 얽힌 광자를 이용해 양자 암호의 가능성을 세계 최초로 구현했다.[48] 이 연구에서 차일링거는 우선 수백 미터 이상 떨어진 두 곳에 암호를 실은 얽힌 광자를 나눠 보내고, 양쪽에서 측정한 편광 상태에서 벨 부등식을 위배하는지를 확인했다.

만약 벨 부등식이 위배되고 있으면, 이는 곧 광자들이 제대로 양자 얽힘 상태에 있었다는 것을 말해주고, 그로부터 얽힌 광자 시스템이 관측을 당했는지, 즉 해킹을 당했는지 여부를 판단할 수 있게 된다.

차이링거는 양자 얽힘에 관련된 수 많은 실험을 수행하면서 '얽힘의 마법사'란 별명을 얻을 정도로 큰 성공을 거두었다. 그리고 양자컴퓨팅과 양자 암호로 대변되는 양자정보기술의 초석을 다진 업적으로 2022년 노벨물리학상을 받게 된다.

양자컴퓨팅은 가능할까?

1981년 5월, IBM과 MIT대학이 공동으로 개최한 '계산의 물리학Physics of Computation' 컨퍼런스는 또 하나의 역사의 장이었다. 여기에는 파인먼, 휠러, 다이슨과 같은 저명한 물리학자와 양자컴퓨터의 선구자라 불리는 폴 베니오프Paul Benioff, 에니악ENIAC을 설계한 아서 버크Arthur Burks 등 컴퓨터과학의 대가들이 한자리에 모였을 뿐 아니라, 양자컴퓨팅이란 말이 처음으로 등장했기 때문이다.

1980년대 초는 퍼스널 컴퓨터가 본격적으로 물리학 연구현장에 보급되기 시작한 때였다. 실험 데이터를 분석하고, 수치 해석과 그래프를 그리는 모든 과정에 컴퓨터의 활용이 필수 요소로 자리 잡기 시작했다.

사실 컴퓨터를 구성하는 주요 부품인 반도체와 자성체는 모두 양자역학으로부터 설계되고 제작되었다. 하지만 정작

Physics of Computation Conference Endicott House MIT May 6-8, 1981

1 Freeman Dyson
2 Gregory Chaitin
3 James Crutchfield
4 Norman Packard
5 Panos Ligomenides
6 Jerome Rothstein
7 Carl Hewitt
8 Norman Hardy
9 Edward Fredkin
10 Tom Toffoli
11 Rolf Landauer
12 John Wheeler

13 Frederick Kantor
14 David Leinweber
15 Konrad Zuse
16 Bernard Zeigler
17 Carl Adam Petri
18 Anatol Holt
19 Roland Vollmar
20 Hans Bremerman
21 Donald Greenspan
22 Markus Buettiker
23 Otto Floberth
24 Robert Lewis

25 Robert Suaya
26 Stan Kugell
27 Bill Gosper
28 Lutz Priese
29 Madhu Gupta
30 Paul Benioff
31 Hans Moravec
32 Ian Richards
33 Marian Pour-El
34 Danny Hillis
35 Arthur Burks
36 John Cocke

37 George Michaels
38 Richard Feynman
39 Laurie Lingham
40 Thiagarajan
41 ?
42 Gerard Vichniac
43 Leonid Levin
44 Lev Levitin
45 Peter Gacs
46 Dan Greenberger

⊙ 계산의 물리학 컨퍼런스

계산 과정은 0과 1을 더하고 빼는 연산으로만 구성되어 있지, 양자역학과는 아무런 관계가 없었다.

지금도 마찬가지지만, 그때도 컴퓨터의 성능이 발전하는 속도보다 필요한 계산의 크기가 더 빨리 늘어나고 있었다. 이 컨퍼런스에서 파인만은 기존의 컴퓨팅 방식으로는 양자 시스템을 시뮬레이션 하는 데 한계가 있음을 지적했다. 그리고 양자역학을 직접 활용한 컴퓨터를 만들 수 있으면 이 한계를 극복할 수 있다는 화두를 던졌다.*

---

* "불행히도, 자연은 고전적이지 않습니다. 그러니 자연을 시뮬레이션하기 위해서는 양자역학적으로 컴퓨터를 만들어야 합니다." ("Nature isn't classical, damm it, and if you want to make a simulation of nature, you'd better make it quantum mechanical.")

양자역학을 사용한 컴퓨터란 무엇을 의미하는 것일까? 이를 이해하기 위해서는 우선 컴퓨터가 어떻게 덧셈을 할 수 있는지부터 알아야 한다. 컴퓨터의 모든 것은 1과 0, 둘 중 하나의 상태를 저장할 수 있는 물리적인 소자를 만드는 것에서부터 시작한다.

간단히 캐패시터(축전지)를 만들어 축전 상태면 1, 전하가 빠져 나간 상태면 0, 이렇게 만들어도 된다. 원자 자석을 사용해서 N극과 S극의 정렬 방향을 1과 0의 상태로 정의할 수도 있다. 이렇게 정의된 1 또는 0의 최소한의 정보 단위를 비트bit라고 한다.

다음으로 필요한 것은 비트 연산을 할 수 있는 장치다. 예를 들면 두 비트 상태를 더하거나 곱하거나 하는 장치를 말한다. 비트의 덧셈은 두 비트 중에 하나라도 1이면 1, 둘 다 0이면 0이 되는 연산으로 OR 게이트란 장치로 수행된다. 비트의 곱셈은 둘 중 하나라도 0이면 0, 둘 다 1일 경우에만 1이 나오는 연산으로, AND 게이트란 장치로 구현 가능하다.

이렇게 AND와 OR게이트를 복잡하게 연결해 8비트 정보, 16비트 정보 등을 처리하도록 만든 것이 컴퓨터다. 컴퓨터가 엄청난 양의 계산을 해낼 수 있는 것은 순전히 이런 연산을 빛의 속도로 빠르게 처리하기 때문이다.

하지만 아무리 빛의 속도로 빨리 계산을 하더라도 해결

할 수 없는 문제는 얼마든지 있다. 예를 들어 RSA 암호는 아주 큰 소수 2개의 곱으로 주어진 숫자를 소인수 분해를 통해 원래의 두 숫자를 찾아내는 것이 시간이 매우 많이 걸린다는 것에 착안한 것이다.

1부터 어떤 정수 N사이의 소수를 찾는 '에라토스테네스의 체'라는 알고리즘을 프로그래밍 해본 독자라면 알겠지만, N이 크면 그 수만큼 일일이 나눗셈을 반복적으로 해야 하는 고통이 따른다. 통상 수천 비트로 만들어진 RSA 암호를 깨려면 수억 년이 걸린다고 하니, RSA 암호는 매우 안전한 암호 체계라 할 수 있다.

그럼 양자컴퓨터는 무엇이 다른 것일까? 양자컴퓨터는 1과 0, 2가지 값 중 하나를 갖는 비트를 사용하지 않고, 2가지 양자 상태의 중첩 상태인 큐비트qubit를 사용한다는 근본적인 차이점을 가지고 있다. 큐비트란 퀀텀 비트를 말한다. 이걸 어떻게 구현하느냐 하는 것은 완전히 물리적인 문제다.

원리적으로는 큐비트를 만들 수 있는 여러 방법이 존재하지만, 어떤 방식이 가장 효율적인지는 아직 아무도 모른다. 현재는 초전도체부터, 이온 트랩, 양자 점quantum dot에 이르기 까지 다양한 방식이 IBM, 구글, 마이크로소프트, 디웨이브 등 여러 대형 기술 기업에 의해 개발되고 있다. 어떤 방법을 사용했든 상관없이 큐비트를 만들었다고 하면, 그다음부터는 양자 연산의 문제가 된다.

비트를 사용한 기존의 컴퓨터가 여러 게이트를 조합하여 연산을 하듯, 양자컴퓨터는 양자컴퓨터만의 연산 게이트가 있다. 또한 기존의 컴퓨터가 어떤 계산을 하기 위해서는 문제에 맞는 특정한 알고리즘을 사용하듯이, 양자컴퓨터에서도 계산을 수행하기 위해서는 그에 맞는 알고리즘이 필요하다. 실제로 제작 가능한 양자컴퓨터의 모델을 제시된 것은 1990년대에 들어서였다. '계산의 물리학' 컨퍼런스가 열린 지 10여 년이 지난 1993년에 로스앨러모스 대학의 세스 로이드(Seth Lloyd)가 양자 게이트의 개념을 처음으로 제시했다.

1994년에는 피터 쇼어Peter Shor, 1996년에는 로브 그로버 Lov Grover가 양자컴퓨터에서 활용될 수 있는 알고리즘을 만들었다. 그리고 마침내 1997년, IBM의 이삭 추앙Isaac Chuang 이 세계 최초로 2개의 큐비트를 갖는 양자컴퓨터를 만들어 냈다. 그로부터 근 사반세기가 지난 오늘날까지 양자컴퓨터를 만드는 기술은 비약적으로 발전해 왔다. 하지만 아직까지는 수십에서 수백 개의 큐비트 시스템 수준에 머무르고 있다. 진정한 양자컴퓨팅 시대로 가는 데는 아직까지 넘어야 할 장벽이 많이 존재한다.*

---

* 2024년 구글이 발표한 윌로Willow 양자프로세서는 105개의 큐비트를 가지고 있

한 걸음 더 양자컴퓨터는 왜 빠르다고 하는 것일까?

양자컴퓨터가 나온다고 해서 기존의 컴퓨터가 사라지는 것은 아니다. 왜냐하면 양자컴퓨터가 기존의 컴퓨터가 할 수 있는 일을 모두 대체할 수는 없기 때문이다. 양자컴퓨터는 기존의 컴퓨터로는 수행해 내기 힘든 특정 분야의 계산에만 활용될 것이라 보는 것이 더 올바른 예측이다.

양자컴퓨터의 결정적인 차이점은 중첩된 상태를 표현하는 큐비트와 큐비트 사이의 얽힘을 사용한다는 것이다. 예를 들어 우리가 전자 자체를 큐비트로 사용할 수 있다고 생각해보자. 그리고 전자의 스핀이 업인 상태와 다운인 상태를 각각 큐비트 업과 큐비트 다운으로 정의하자.

양자역학에 따르면, 이 전자의 스핀을 측정하기 전까지 우리는 큐비트의 상태는 알 수 없다. 따라서 스핀 업과 스핀 다운이 중첩된 상태로 존재할 것이다. 바로 이 점이 고전적인 비트와 다른 점이다.

수식을 좀 사용해보겠다. 전자의 스핀이 '위($\uparrow$)'일 때의 파동함수 $\psi(\uparrow)$이라 쓰고, 스핀이 '아래($\downarrow$)'일 때를 $\psi(\downarrow)$이라 하자. 물리학자들은 프사이(ψ)를 매번 쓰기보다 이를 간단히 괄호안에 양자수를 넣어 표현하는데 이를 켓-벡터(ket vector) 표기법이라 부른다. 켓-벡터로 파동함수를 쓰면 다음과 같이 보기 좋고 깔끔하게 스핀 상태

고, IBM은 2021년에 127큐비트에서 2022년에 433 큐비트를 갖는 양자 프로세서를 발표했다. 아이온큐는 2023년에 이온트랩 방식으로 32큐비트에 도달했고, 마이크로소프트는 위상학적 큐비트topological qubit를 사용하여 수백만 큐비트까지 확장 가능한 새로운 양자 프로세서를 2025년에 선보였다.

를 표시할 수 있다.

$$\psi(\uparrow) \equiv |0\rangle, \ \psi(\downarrow) \equiv |1\rangle$$

스핀 업을 $|0\rangle$으로, 스핀 다운을 $|1\rangle$으로 쓰는 것은 순전히 정의일 뿐이다. 양자역학에 따르면 전자의 스핀을 측정하기 전까지는 두 상태가 중첩되어 있다. 그러므로 큐비트의 상태는 다음의 파동함수로 표현된다.

$$|\psi\rangle = \alpha|0\rangle + \beta|1\rangle$$

코펜하겐 해석에 따라 큐비트는 관측할 때마다 파동함수가 붕괴되어 $|0\rangle$인 상태 또는 $|1\rangle$인 상태 둘 중 하나의 값을 갖게 된다. 물론 α와 β가 곱해져 있으므로, 여러 번 관측을 시도한다면, $|0\rangle$인 상태와 $|1\rangle$인 상태가 관측될 확률은 $|\alpha|^2 : |\beta|^2$의 비율로 나올 것이다.

큐비트가 $|0\rangle$과 $|1\rangle$의 중첩 상태로 존재할 수 있다는 점이 바로 양자 병렬성quantum parallelism을 구현해주고, 이것이 양자컴퓨팅을 통해 특정 문제에서 고전 컴퓨터보다 훨씬 빠른 연산 속도를 낼 수 있게 해주는 핵심적인 차이점이다.

또 다른 중요한 점은 큐비트 간의 얽힘이다. 대표적인 양자 알고리즘인 쇼어 알고리즘과 그로버 알고리즘은 모두 큐비트 간의 얽힘 상태를 가정하고 개발된 것이다. 2개의 큐비트가 얽혀 있다는 것은 하나의 큐비트 상태가 다른 큐비트의 상태와 상관관계를 갖게 됨을 의미한다.

예를 들어 n개의 얽힌 큐비트 시스템은 2^n개의 상태를 표현할 수 있다. 만약 50개의 큐비트 시스템을 만들었다면, 이는 2^{50}, 즉 대략 100조 개의 서로 다른 비트를 처리하는 것에 해당한다.

시간	내용
1802/06	영국의 월라스턴, 프리즘을 이용하여 태양광을 분산시킨 스펙트럼을 관찰하던 중, 연속적인 색상 사이에 몇 개의 어두운 선들이 존재함을 처음으로 보고
1817/01	프라운호퍼, 태양광 스펙트럼에서 약 570개의 흡수선을 기록. 뚜렷한 선부터 A부터 K까지를 부여한 프라운호퍼 선 체계를 만듦
1860/10	키르히호프와 분젠이 태양광 스펙트럼의 프라운호퍼 선과 특정 화학 원소의 방출 스펙트럼이 일치함을 발견
1885/06	바젤의 고등학교 교사였던 발머가 수소원자 스펙트럼 파장의 규칙성을 찾아냄
1888/11	룬드 대학교 조교수였던 뤼드베리가 수소원자 스펙트럼 파장들 사이의 규칙성을 나타내는 뤼드베리 공식을 발표함
1893/02	빌헬름 빈이 흑체 복사에 대한 변위 법칙을 발견
1896/06	빌헬름 빈이 흑체 복사에 대한 분포 법칙을 발표
1897/04	J.J. 톰슨이 전자의 발견을 발표. 이로부터 원자 속에 전자가 자두처럼 박혀 있는 톰슨의 플럼파이(Plum pie) 원자모형이 만들어짐
1900/12	플랑크가 독일물리학회 강연에서 흑체 복사 법칙의 유도 과정을 발표. 이듬해 1월에 논문으로 출간
1905/06	아인슈타인의 빛 양자 존재와 광전 효과에 관한 논문이 Annalen der Physik에 발표됨
1911/03	러더퍼드가 맨체스터에서 열린 회의에서 원자핵 발견을 발표 (동해 5월, Philosophical Magazine 논문 출간)

시간	내용
1911/10	복사와 양자이론을 주제로 한 제1회 솔베이 회의가 브뤼셀에서 개최됨
1913/07	보어, 수소 원자의 양자 이론에 대한 첫 번째 논문을 Philosophical Magazine에 발표
1914/04	프랑크–헤르츠 실험을 통해 보어의 양자 도약과 원자 에너지 준위 개념이 확인됨
1916/01	아놀드 조머펠트가 수소의 스펙트럼 선의 미세 구조를 설명하기 위한 보어 원자 모형의 수정을 제안
1916/07	아인슈타인, 원자에서 광자의 자발적 방출과 유도 방출 이론을 주장
1922/02	슈테른–게를라흐가 역사적인 공간양자화 검증 실험을 수행 (논문은 3월에 투고하여 12월에 발표됨)
1922/06	보어가 괴팅겐에서 원자 이론과 주기율표에 관한 강의 시리즈를 함. 사람들은 이를 보어 축제라 불렀음. 하이젠베르크가 보어를 알게 된 곳이기도 함
1923/05	아서 콤프턴의 X선 광자가 원자 전자에 의해 산란되는 현상에 관한 보고서가 발표됨. 빛의 입자성이 명확해짐
1924/11	드 브로이가 물질파 개념을 주장. 파동–입자 이중성을 물질로 확장하는 박사 논문을 발표
1925/01	파울리가 배타 원리를 공표함
1925/06	하이젠베르크가 심한 알러지를 피해 북해의 헬골란트 섬으로 휴양을 감. 이곳에서 훗날 행렬역학이 될 양자역학 이론을 만듦
1925/09	하이젠베르크의 행렬역학에 관한 첫 번째 획기적인 논문 "운동학 및 역학적 관계의 양자–이론적 재해석"이 Zeitschrift für Physik에 발표됨
1925/11	사무엘 고드스미트와 조지 울렌베크가 전자의 스핀 개념을 제안하는 논문을 발표

시간	내용
1925/11	파울리가 수소 원자에 행렬역학을 적용함
1925/12	슈뢰딩거, 애인과 함께 알프스의 스키 리조트 아로사로 크리스마스 휴가를 떠남. 이곳에서 파동 방정식을 만듦 (논문 출간은 1926년 1월)
1925/01	슈뢰딩거, 파동 방정식의 해가 보어-조머펠트 수소 모형의 에너지 준위를 재현함을 보임
1926/02	하이젠베르크, 보른, 요르단이 쓴 행렬역학의 수학적 구조에 대한 상세한 설명을 담은 3인 논문이 1925년 11월 Zeitschrift für Physik에 제출된 후 발표됨
1926/03	슈뢰딩거의 파동역학에 관한 첫 번째 논문이 1월에 제출된 후 Annalen der Physik에 발표됨
1926/07	보른이 파동 함수의 확률 해석을 제안함
1927/01	클린턴 데이비슨과 레스터 거머가 전자를 회절시키는데 성공하여 파동-입자 이중성이 물질에도 적용된다는 결정적인 증거를 얻음
1927/05	하이젠베르크의 불확정성 원리가 발표됨
1927/09	이탈리아 코모 호수에서 볼타 서거 100주년을 기념하는 회의가 열렸고, 이때 훗날 코펜하겐의 해석이라 불리는 양자역학의 해석이 보어에 의해 발표됨
1927/10	브뤼셀에서 열린 제5회 솔베이 회의에서 양자역학의 기초와 현실의 본질에 관한 아인슈타인-보어 논쟁이 시작됨
1927/11	J.J. 톰슨의 아들인 조지 톰슨이 데이비슨과 게르머와는 다른 기술을 사용하여 전자 회절에 성공했다고 보고함
1927/12	데이비슨-거머 실험 결과가 미국 물리학회지 Physical Review 제30권 6호에 "Diffraction of Electrons by a Crystal of Nickel"라는 제목으로 발표됨
1930/10	브뤼셀에서 열린 제6회 솔베이 회의에서 아인슈타인-보어가 불확정성의 원리를 놓고 2차 논쟁을 함
1932/01	존 폰 노이만이 『양자역학의 수학적 기초』를 저술하여 출판

시간	내용
1935/05	아인슈타인, 포돌스키, 로젠이 소위 EPR 패러독스라 불리는 내용이 담긴 논문을 Physical Review에 발표
1935/08	아인슈타인, 슈뢰딩거에게 화약을 예로 들어 발화되거나 발화되지 않은 중첩된 상태의 화약이 존재할 수 없음을 이야기하는 편지를 보냄
1935/10	보어가 EPR 논문에 대한 답변으로 같은 Physical Review 저널에 EPR 논문과 같은 제목의 논문을 발표
1935/10	그레테 헤르만, 논문 "양자역학의 자연철학적 기초"를 발표
1935/11	슈뢰딩거, 아인슈타인의 아이디어에 영감을 얻어 죽은 고양이와 산 고양이의 중첩이 불가능함을 예로 들어 양자역학의 중첩 개념에 오류가 있음을 주장
1951/12	데이비드 봄, 드브로이–봄 이론을 담은 저서 『양자 이론』을 출판
1964/11	존 벨, "On the Einstein Podolski Rosen Paradox" Physics 저널에 발표
1966/07	존 벨, "On the Problem of Hidden Variables in Quantum Mechanics" 발표, 폰 노이만의 숨은 변수 이론을 배제하는 증명에 결함이 있다는 것을 밝힘
1972/04	존 클라우저와 스튜어트 프리드먼이 벨의 불평등에 대한 첫 번째 테스트를 수행한 후 불평등이 위반된다고 보고함
1982/12	알랭 아스페과 그의 동료들이 양자 얽힘 실험의 국소성의 루프홀 문제를 해결한 장비로 벨 부등식을 테스트하고 양자 얽힘 현상을 명확히 검증
1997/12	안톤 자일링거가 이끄는 인스브루크 대학 팀이 한 입자의 양자 상태를 한 곳에서 다른 곳으로 원격 전송하는 텔레포테이션 실험에 성공
2022/10	존 클라우저, 알랭 아스페, 안톤 자일링거, 양자역학의 비국소성을 밝히고 양자 기술 시대를 연 공로로 노벨물리학상을 공동 수상

1   "A method of examining refractive and dispersive powers, by prismatic reflection", William Hyde Wollaston, Philosophical Transactions of the Royal Society, 92: 365–380 (1802)

2   "Bestimmung des Brechungs- und Farbenzerstreuungs-Vermögens verschiedener Glasarten, in Bezug auf die Vervollkommnung achromatischer Fernröhre", Joseph von Fraunhofer, Denkschriften der Königlichen Akademie der Wissenschaften zu München, Vol. 5, 193–226 (1817)

3   "Chemische Analyse durch Spectralbeobachtungen", G. Kirchhoff & R. Bunsen, Annalen der Physik und Chemie, Bd. 110 No. 6, 1860, S. 161–189 (1860)

4   "Notiz über die Spectrallinien des Wasserstoffs", Johann Jakob Balmer, Annalen der Physik und Chemie 25, 80-5 (1885)

5   "Recherches sur la constitution des spectres d'émission des éléments chimiques", Johannes Robert Rydberg, Kungliga Svenska Vetenskapsakademiens Handlingar 23 (11), 1–177 (1889)

6   "Eine neue Beziehung der Strahlung schwarzer Körper zum zweiten Hauptsatz der Wärmetheorie", Wilhelm Wien, Sitzungsberichte der Königlich Preußischen Akademie der Wissenschaften zu Berlin 55-62 (1893)

7   "Ueber die Energievertheilung im Emissionsspectrum eines schwarzen Körpers", Wilhelm Wien, Annalen der Physik und Chemie. Neue Folge. Band 58, S. 612–669 (1896)

8   "A Concise History of the Black-body Radiation Problem", Himanshu Mavani, Navinder Singh, https://doi.org/10.48550/arXiv.2208.06470 (2022)

9   "Über das Gesetz der Energieverteilung im Normalspektrum". M. Planck, Annalen

der Physik. 309 (3): 553–563 (1901)

10 "Opticks: or, A Treatise of the Reflexions, Refractions, Inflexions and Colours of Light", Isaac Newton, 1704

11 "A dynamical theory of the electromagnetic field", James Clerk Maxwell, Philosophical Transactions of the Royal Society of London. 155: 459–512 (1865)

12 "Über einen die Erzeugung und Verwandlung des Lichtes betreffenden heuristischen Gesichtspunkt", A. Einstein, Annalen der Physik 17 (6) 132–148 (1905)

13 "A Quantum Theory of the Scattering of X-Rays by Light Elements", Arthur H. Compton, Physical Review v. 21 (5) 483-503 (1923)

14 "Recherches sur la théorie des Quanta", Thesis, Ann. de Physique vol. 10, Nb. 3, 22-128 (1925)

15 "Diffraction of Electrons by a Crystal of Nickel", Davisson, C. and Germer, L.H., Physical Review, 30, 705-740 (1927)

16 "Diffraction of Cathode Rays by a Thin Film", G. P. Thomson, Nature Vol. 119, No. 3007, 890 (1927)

17 "Elektroneninterferenzen an mehreren künstlich hergestellten Feinspalten", Von Claus Jo Jönsson, Zeitschrift für Physik 161, 454-474 (1961)

18 "The Scattering of α and β Particles by Matter and the Structure of the Atom", Ernest Rutherford, Philosophical Magazine, Series 6, Volume 21, 669–688 (1911)

19 "Hydrogen Atoms under Magnification: Direct Observation of the Nodal Structure of Stark States", A. S. Stodolna, A. Rouzée, F. Lépine, S. Cohen, F. Robicheaux, A. Gijsbertsen, J. H. Jungmann, C. Bordas, M. J. J. Vrakking, Physical Review Letters 110, 213001 (2013)

20 "Zur Quantentheorie der Spektrallinien", A. Sommerfeld, Annalen der Physik. 356 (17) 1–94 (1916)

21   "Quantisierung als Eigenwertproblem", E. Schrödinger, Annalen der Physik, 79, Article No. 361 (1926)

22   "Quantenmechanik der Stoßvorgänge", Born, M., Z. Physik 38, 803–827 (1926)

23   "Über den anschaulichen Inhalt der quantentheoretischen Kinematik und Mechanik", Heisenberg, W., Z. Phys. 43 (3–4) (1927)

24   W. Heisenberg, Über quantentheoretische Umdeutung kinematischer und mechanischer Beziehungen, Zeitschrift für Physik, 33, 879-893 (1925)

25   M. Born and P. Jordan, Zur Quantenmechanik, Zeitschrift für Physik, 34, 858-888 (1925), M. Born, W. Heisenberg, and P. Jordan, Zur Quantenmechanik II, Zeitschrift für Physik, 35, 557-615 (1925)

26   "Der experimentelle Nachweis der Richtungsquantelung im Magnetfeld", W. Gerlach & O. Stern, Zeitschrift für Physik 9, 349–352 (1922)

27   "Der experimentelle Nachweis der Richtungsquantelung im Magnetfeld.", Gerlach, W., Stern, O., Z. Physik 9, 349–352 (1922)

28   "Über den Zusammenhang des Abschlusses der Elektronengruppen im Atom mit der Komplexstruktur der Spektren", Wolfgang Pauli, Zeitschrift für Physik. 31 (1), 765–783 (1925)

29   "Ersetzung der Hypothese vom unmechanischen Zwang durch eine Forderung bezüglich des inneren Verhaltens jedes einzelnen Elektrons", G.E. Uhlenbeck & S.A. Goudsmit, Die Naturwissenschaften 13 (47) 953–954 (1925)

30   "Mathematische Grundlagen der Quantenmechanik", John von Neumann, Springer (1932)

31   "Die naturphilosophischen Grundlagen der Quantenmechanik", Grete Hermann, Die Naturwissenschaften 23 (42) 718–721 (1935)

32   "Die gegenwärtige Situation in der Quantenmechanik", Erwin Schrödinger, Die Naturwissenschaften 23 (48) 807–812 (1935)

33 "Can Quantum-Mechanical Description of Physical Reality Be Considered Complete?", A. Einstein, B. Podolsky, N. Rosen, Physical Review, 47 (10) 777–780 (1935)

34 "Can Quantum-Mechanical Description of Physical Reality Be Considered Complete?", N. Bohr, Physical Review, 48 (8) 700–705 (1935)

35 "The Angular Correlation of Scattered Annihilation Radiation", Wu & Shaknov, Phys. Rev. 77 (1950)

36 "Quantum Theory", David Bohm, Prentice-Hall, New York (1951)

37 "Discussion of Experimental Proof for the Paradox of Einstein, Rosen, and Podolsky", D. Bohm and Y. Aharonov, Phys. Rev. 108, 1070 (1957)

38 "On the Problem of Hidden Variables in Quantum Mechanics", John S. Bell, Rev. Mod. Phys. 38, 447 (1966)

39 "On the Einstein Podolski Rosen Paradox", Physics Vol. 1, No. 3, pp. 195 - 200 (1964)

40 "Polarization Correlation of Photons Emitted in an Atomic Cascade", Carl A. Kocher, Eugene D. Commins, Physical Review Letters 18 (15) 575–577 (1967)

41 "Proposed Experiment to test Local Hidden-variable Theories", J. Clauser, M. Horne, A. Shimony, R. Holt, Physical Review Letters 23 (15) 880 (1969)

42 "Experimental Test of Local Hidden-variable Theories", S. Freedman, J. Clauser, Physical Review Letters 28 (14) 938 (1972)

43 "Experimental Tests of Realistic Local Theories via Bell's Theorem", Alain Aspect, Philippe Grangier, Gérard Roger, Physical Review Letters 47 (7) 460–463 (1981)
    "Experimental Realization of Einstein-Podolsky-Rosen-Bohm Gedankenexperiment: A New Violation of Bell's Inequalities", Alain Aspect, Philippe Grangier, Gérard Roger, Physical Review Letters 49 (2) 91–94 (1982)
    "Experimental Test of Bell's Inequalities Using Time-Varying Analyzers", Alain Aspect, Jean Dalibard, Gérard Roger Physical Review Letters 49 (25) 1804–1807 (1982)

44 "Experimental Quantum Teleportation", D. Bouwmeester , JW Pan, K. Mattle, M. Eibl, H. Weinfurter, A. Zeilinger, Nature 390, 575–579 (1997)

45 "Experimental test of quantum nonlocality in three-photon Greenberger-Horne-Zeilinger entanglement", J.-W. Pan, D. Bouwmeester, M. Daniell, H. Weinfurter, A. Zeilinger, Nature 403, 515–519 (2000)

46 "Experimental Realization of Freely Propagating Teleported Qubits", J.-W. Pan, S. Gasparoni, M. Aspelmeyer, T. Jennewein, A. Zeilinger, Nature 421, 721–725 (2003)

47 "Quantum teleportation over 143 kilometres using active feed-forward", X.-S. Ma, T. Herbst, T. Scheidl, D. Wang, S. Kropatschek, W. Naylor, B. Wittmann, A. Mech, J. Kofler, E. Anisimova, V. Makarov, T. Jennewein, R. Ursin, A. Zeilinger, Nature 489, 269–273 (2012)

48 "Quantum Cryptography with Entangled Photons", T. Jennewein, C. Simon, G. Weihs, H. Weinfurter, A. Zeilinger, Phys. Rev. Lett. 84 (20) 4729–4732 (2000)

심리

권일용 저 │ 『내가 살인자의 마음을 읽는 이유』
권수영 저 │ 『관계에도 거리두기가 필요합니다』
한덕현 저 │ 『집중력의 배신』

경제

김영익 저 │ 『더 찬스 The Chance』
한문도 저 │ 『더 크래시 The Crash』
김두얼 저 │ 『살면서 한번은 경제학 공부』

과학

김범준 저 |『내가 누구인지 뉴턴에게 물었다』
김민형 저 |『역사를 품은 수학, 수학을 품은 역사』
장이권 저 |『인류 밖에서 찾은 완벽한 리더들』

인문/사회

김학철 저 |『허무감에 압도될 때, 지혜문학』
정재훈 저 |『0.6의 공포, 사라지는 한국』
권오성 저 |『당신의 안녕이 기준이 될 때』

고전/철학

이진우 저 |『개인주의를 권하다』
이욱연 저 |『시대를 견디는 힘, 루쉰 인문학』
이시한 저 |『아주 개인적인 군주론』